논 리 적 사 고 훈 련

탐 정 추 리

逻辑思维训练课 ： 侦探推理 BY 诸葛文

Copyright © 2016 by 诸葛文

All rights reserved

Korean copyright © 2019 by DaYeon Publishing Co.

Korean language edition arranged with China Legal Publishing House

Through EntersKorea Co., Ltd.

논리적 사고훈련
탐정추리

초판 1쇄 인쇄 | 2019년 5월 17일
초판 1쇄 발행 | 2019년 5월 24일

지은이 | 주거원 **옮긴이** | 최인애 **펴낸이** | 박찬욱 **펴낸곳** | 오렌지연필
주소 | (10501) 경기도 고양시 덕양구 화신로 340, 716-601
전화 | 070-8700-8767 **팩스** | (031) 814-8769 **이메일** | orangepencilbook@naver.com
본문 | 미토스 **표지** | SongS

© 오렌지연필

ISBN 979-11-89922-03-0 (04320)
ISBN 979-11-89922-02-3 (세트)

※ 잘못 만들어진 책은 구입처에서 교환 가능합니다.

이 도서의 국립중앙도서관 출판예정도서목록(CIP)은 서지정보유통지원시스템 홈페이지
(http://seoji.nl.go.kr)와 국가자료종합목록시스템(http://kolis-net.nl.go.kr)에서
이용하실 수 있습니다. (CIP제어번호 : CIP2019019195)

추리 덕후를 위한 생동감 넘치는 추리 수수께끼!

논리적 사고훈련
탐정추리

주거원 지음 | 최인애 옮김

오렌지연필

들어가는 말

    지구의 생물을 통틀어서 고등지능을 바탕으로 고난도 추리를 할 수 있는 존재는 인간이 유일하다. 기계나 컴퓨터, 인공지능이 아무리 발달해도 인간의 이러한 능력을 대체할 수는 없다. 적어도 가까운 미래에 로봇이 인간 수준의 사고력을 갖출 수는 없을 것이다. 만약 아주 먼 미래에 로봇이 인간과 같은 사고 능력을 갖게 된다면, 그래서 인간을 도와 추리와 판단을 할 수 있게 된다면 각종 범죄가 큰 폭으로 줄어들지도 모른다.

    추리소설은 1920년대부터 유럽과 미국에서 발달하기 시작했으며 1960년대 이후 일본에서 크게 유행하다 점차 전 세계적으로 독자층을 넓혀갔다. 추리소설이라는 명칭 역시 일본에서 가장 먼저 사용된 것으로 알려져 있다.

    훌륭한 추리소설은 독자에게 읽는 즐거움과 카타르시스뿐 아니라 사고방식의 전환, 새로운 영감까지 선사한다. 단, 아무래도 범죄를 다루다 보니 다소 폭력적이고 잔인하며 선정적인 면이 있기에 전 연령층에 적합한 장르는 아니다. 그래서 이 책에서는 자극적이고 유혈 낭자한 장면 묘사를 최대한 줄이고, 여러 형식의 추리를 소개하는 데 집중함으로써 청소년 독자도 가벼운 마음으로 두뇌 개발의 묘미를 즐길 수 있도록 했다.

    이 책은 크게 네 부분으로 나뉜다. 첫 번째 파트는 중급 추리 사건을 다루는데, 후반부로 갈수록 추리 난도를 조금씩 높였다. 두 번째, 세 번째 파트에서는 전형적인 범죄 유형 두 가지를 소개했다. 이 두 파트에 소개된 사건들의 진상을 추리해낼 수 있다면 세상의 범죄 사건 대부분을 파악할 수 있다고 해도 과언이 아니다. 마지막 네 번째 파트에는 난도가 가장 높은 사건들을 모아놓았는데, 이야기의 길이가 꽤 길고 사건의 실마리가 더욱 깊숙이 숨겨져 있다. 상당한 수준의 추리력과 사고력, 단서를 포착하는 눈썰미를 최대한 발휘해야 진상에 다가갈 수 있을 것이다. 범인을 올바르게 찾아낸다면 이미 사고력이 상당히 높은 수준에 올라 있다는 방증이다. 그러니 범인을 맞출 때마다 자신의 사고 능력이 상당하다는 확신을 가져도 좋다.

맑은 두뇌로 정신을 집중하여 도전하기 바란다. 그래야 논리적 사고 능력을 자극하고 개발할 수 있기 때문이다. 스스로 열심히 머리를 써서 범인을 찾아야 한다.

추리는 고등지능을 가진 생물만이 할 수 있는 독자적인 사고방식이다. 조금만 머리를 굴리면 누구나 사건에서 이상한 점을 발견하고, 실낱같은 단서를 통해 진실에 다가설 수 있다. 지금부터 당신의 두뇌 잠재력을 깨워보자!

들어가는 말 ·· 4

part 1. 사건 현장으로

part 2. 거짓을 말하는 범죄자

part 3. 누명을 쓴 사람들

part 4. 고차원 추리의 세계

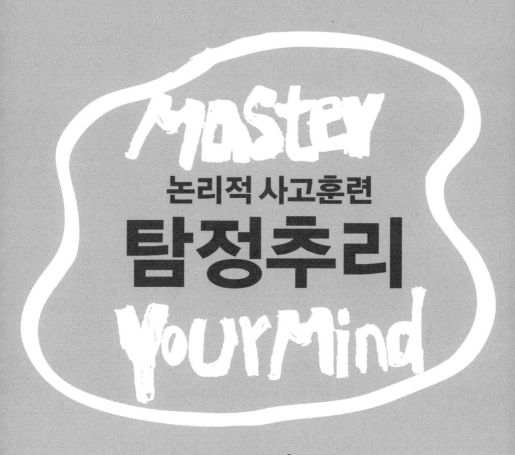

논리적 사고훈련

탐정추리

Master Your Mind

part 1.
사건 현장으로

001 수상한 강도 사건

깊은 밤, 한 마을에서 강도 사건이 일어났다. 회계사 아오키가 칼에 찔리고 500만 엔을 빼앗긴 것이다. 이노시타 경장은 신고를 받자마자 마츠시타 경위와 함께 현장으로 달려갔다. 이들은 사건이 일어났다는 마을 입구를 자세히 조사하며 쓸 만한 단서가 있는지 살폈지만 희미하고 번잡한 족적 외에는 아무것도 발견하지 못했다.

이후 두 사람은 피해자인 아오키의 집으로 향했다. 아오키는 머리와 팔뚝에 붕대를 칭칭 감은 채 고통스러운 표정으로 침대에 누워 있었다. 그는 경찰서에서 왔다는 말에 간신히 일어나 앉았다.

"힘드시겠지만 사건 경위를 설명해주실 수 있겠습니까?"

"물론이죠."

너무 놀라서인지 아니면 다른 이유 때문인지는 알 수 없으나 아오키의 얼굴은 백지장마냥 하얗게 질려 있었다. 눈동자 역시 시종일관 흔들렸다. 그는 숨을 몰아쉬며 마음을 추스른 후, 가까스로 입을 열었다.

"어제 오후 2시쯤, 촌장님이 저더러 은행에 가서 대출금을 인출해오라고 하셨습니다. 은행에서 돈을 찾아 나오는데 우연히 몇 년 동안 소식이 끊겼던 옛 친구와 마주쳤지요. 친구는 반가워하며 자기 집에 들러서 식사를 하자고 했습니다. 거절하기 미안해서 어쩔 수 없이 친구 집에 따라갔지만 아무래도 수중에 거액이 있다 보니 불안해서 오래 있지는 못하고 저녁 식사만 한 뒤 바로 나왔습니다.

하지만 이미 날이 저물었더군요. 어둑해져서야 마을 입구에 도착했는데 갑자기 길옆에서 시커먼 그림자가 불쑥 튀어나오더니 다짜고짜 칼을 들이미는 것이 아니겠습니까? 놈은 절 때려눕히고 주머니 깊숙이 넣어놨던 돈을 빼앗은 뒤, 제 모자까지 뺏으려 들었습니다. 그 모자는 약혼녀가 직접 만들어준 것이라 제게는 매우 의미 있고 소중한 물건입니다. 그래서 모자를 뺏기지 않기 위해 죽자 사자 매달렸더니 결국 제 팔을 칼로 찌르고 도망가더군요."

아오키는 힘겹게 붕대가 감긴 팔을 들어 보였다.

이노시타는 벽에 걸려 있는 모자를 쳐다봤다.

"저게 방금 말씀하신 그 모자입니까?"

"네, 그렇습니다. 바로 저 모자예요."

이노시타는 추가 질문을 하지 않고 아오키의 집을 나왔다. 하지만 얼마 안 가 멈춰서더니 마츠시타에게 말했다.

"어서 돌아가세. 피해자 집에 다시 가자고."

아오키의 집으로 돌아간 이노시타는 그 자리에서 아오키를 용의자로 체포했다. 대체 어찌 된 일일까?

002 치명적인 이별주

어느 아파트 302호 거실에 남녀 한 쌍이 앉아 있다. 둘은 연인인데, 지금 막 헤어지려는 순간이다.

"정말 돌이킬 수는 없는 거야?"

여자가 말했다.

"미안해… 정말 미안해. 나는… 뭐라고 해야 할지 모르겠다. 우린 너무 안 맞아. 그러니 헤어지자."

남자는 거듭 사과하며 주머니에서 두툼한 봉투를 꺼냈다.

"내가 지금까지 모은 돈 전부야. 5천만 원쯤 돼. 우리가 여태껏 함께한 시간에 대한 보상이라 생각하고 받아줬으면 좋겠다."

"보상? 웃기시네. 내가 모를 줄 알아? 당신이 재벌 딸과 결혼하기로 한 걸 모를 줄 아느냐고. 이제 당신한테 5천만 원 정도는 푼돈일 뿐이잖아!"

"그냥 내 성의니 받아줘. 지금은 정말 이게 다야."

"돈은 필요 없어. 가져가."

여자는 짐짓 신경 쓰지 않는다는 듯 말을 이었다.

"걱정하지 마. 나 자기한테 들러붙지 않아. 앞으로 연락도 안 할 거야. 맘 편히 결혼해. 우리, 미련 없이 헤어지자. 마지막으로 술이나 한 잔 마시는 게 어때? 여태껏 우리가 함께한 시간에 이별을 고하는 의미로."

남자는 말없이 고개를 끄덕였다. 여자는 주방에서 잔 두 개와 위스키 한 병을 가져왔다. 술잔 두 개를 모두 가득 채운 그녀는 그중 하나를 남자에게 내밀었다. 남자는 술잔을 받아들었지만 선뜻 마시지 못하고 머뭇거렸다.

"왜 그래? 내가 독이라도 탔을까 봐? 정말 끝까지 못났다. 내가 먼저 마시면 되지?"

여자가 망설임 없이 술을 한번에 다 마셨다. 남자는 그제야 마음을 놓고 술잔에 입을 댔다. 천천히 한 잔을 다 마신 후, 남자가 잔을 내려놓으며 말했다.

"자, 이제 우리는 여기서…."

"영원히 이별이지."

남자가 말을 마치기 전에 여자가 툭 내뱉었다.

"응. 부디 당신도 행복하길 바랄게."

남자는 그렇게 말하고 자리에서 일어나 문으로 향했다. 그러나 문에 채 이르기도 전에 복부에 격통을 느꼈다. 그는 배를 움켜쥐며 바닥에 쓰러졌고, 한 손으로 목을 쥐어뜯으며 신음했다.

"이… 이렇게까지 하다니…."

여자는 망부석처럼 서서 눈물만 흘렸다.

남자는 얼마 안 가 숨이 끊어졌지만 여자는 무사했다. 똑같이 술을 마셨는데 두 사람의 운명이 이처럼 갈린 이유는 무엇일까?

003 신출귀몰한 도둑의 정체

한밤중에 경찰서에 절도 신고가 들어왔다. 신고한 사람은 유명한 TV 아나운서인 리디아였다. 그녀에 따르면 집에 막 돌아왔을 때만 해도 모든 것이 제자리에 있었는데, 샤워를 하고 나와보니 화장대 위에 빼두었던 다이아몬드 반지가 감쪽같이 사라졌다고 했다.

프레드 경장은 상황을 좀 더 자세히 파악하기 위해 이런저런 질문을 하고 아파트를 꼼꼼히 조사했다. 현관문은 분명히 잠겨 있었으며 창문도 열려 있기는 했지만 방범 창살이 설치되어 있었다. 게다가 어느 곳 하나 훼손된 흔적이 없었다. 리디아의 집은 발코니 없는 고층 아파트의 9층이기 때문에 누군가 실내로 침입하거나 창문 밖에서 도구를 이용해 범행을 저지르는 것은 불가능했다. 그렇다면 대체 범인은 어떻게 반지를 훔쳐 갔을까?

프레드가 고민에 빠져 있는데 문득 화장대 위에 떨어진 성냥개비 하나가 눈에 들어왔다. 그 옆에는 팔찌, 목걸이, 귀고리 등의 귀금속이 어지러이 놓여 있었다. 그는 리디아에게 물었다.

"없어진 것은 반지 하나뿐입니까? 확실해요?"

"네, 경장님. 반지만 없어졌어요."

프레드는 무언가 잠시 생각하다가 혹시 아파트에 새를 키우는 이웃이 있는지 물었다. 리디아는 이상한 질문이라고 생각했지만 아는 대로 대답했다.

"3층의 힉스가 부엉이를 기르고 4층의 마그리트는 앵무새, 6층의 스미스 부부는 레이스비둘기를 키워요. 그 외에는 없어요."

프레드는 그 말을 듣자마자 확신에 차 말했다.

"힉스가 범인입니다!"

그는 어째서 이런 결론을 내린 것일까?

004 망원경의 비밀

제1차 세계대전 당시 동맹군에게 눈엣가시 같은 인물이 있었다. 한때 동맹군의 핵심 참모였으나 연합국에 투항한 지휘관 W였다. 동맹군은 자신들의 무기 현황, 병력 분포, 심지어 장군의 습관까지 훤하게 꿰고 있는 그가 반대 진영에 있다는 것만으로도 이미 전쟁에서 패한 기분이었다. 동맹군은 그를 제거하기 위해 수많은 암살자를 보냈지만 번번이 실패하고 말았다. 경호가 워낙 삼엄하기도 했지만 W 자신이 백전노장에 수준급 권투 실력의 소유자였기 때문이다. 그렇다 보니 그를 습격하러 간 암살자들이 오히려 흠씬 두들겨 맞고 목숨을 잃는 일이 반복됐다.

그러던 어느 날 저녁, W는 호위대를 대동하고 몰래 산 정상에 올랐다. 산 아래 강가에 주둔한 동맹국 남부 진영을 정찰하기 위해서였다. 산세가 워낙 가파른 탓에 가까이 접근하기란 불가능했고, 겨우 절벽 끝에 엎드려서 망원경으로 보는 것이 최선이었다. W는 망원경을 눈에 바싹 대고 산 아래 적군을 살피기 시작했다.

시간이 얼마나 흘렀을까. 호위대는 이상함을 느꼈다. W가 지나치게 오랫동안 꼼짝 않고 엎드려 있었기 때문이다. 게다가 아무리 불러도 대답이 없었다. 결국 호위대 중 한 사람이 절벽 끝으로 다가가 W를 살폈고, 그제야 그가 사망한 것을 알았다.

조사 결과 W의 사인은 독극물로 인한 중독사였다. 동맹국의 소행이 확실했다. 그런데 이상한 점은 그의 몸에 아무 외상도 없었다는 점이다. 대체 W는 어떻게 중독되었을까?

005 사람 잡는 밧줄

폭염이 기승을 부리는 한여름, 한낮의 찌는 태양을 피해 실내에 박혀 있던 사람들은 이른 저녁이 되어서야 선선해지는 바람을 쐬러 산책을 나섰다. 그런데 그중 몇이 농장 근처까지 갔다가 농장 후계자 스티브가 커다란 나무 밑동에 묶인 채 끔찍한 모습으로 죽어 있는 것을 발견했다. 눈은 꼭 감겨 있고 목에는 쇠가죽 밧줄이 삼중으로 칭칭 감겨 있으며 입안에는 천이 가득 물려 있었다.

경찰은 신고를 받자마자 현장으로 와 감식에 들어갔다. 검시관에 따르면 사망 시각은 당일 오후 3시쯤, 사망 원인은 쇠가죽 밧줄에 의한 교살이었다.

경찰은 수사를 통해 스티브의 동생 한스를 유력한 용의자로 주목했다. 스티브가 죽을 경우 한스가 농장의 모든 재산을 물려받을 유일한 후계자가 되기 때문이다. 경찰의 추궁에 한스는 펄쩍 뛰며 결백을 주장했다. 사건이 일어났을 시각에 자신은 시내 한복판에 자리한 펍에 있었다는 것이다. 증인들 역시 한스가 1시부터 5시까지 펍에서 술을 마셨다고 증언했다. 한스가 사건 현장에 있었다는 증거를 찾지 못하면 그를 체포하거나 기소할 수 없었다. 게다가 한스 외에 유력한 용의자가 없었기에 자칫하면 사건 자체가 미궁에 빠질 판이었다. 막다른 길에 몰린 경찰이 전전긍긍하고 있는데, 농장에서 오랫동안 일해온 늙은 집사가 사건을 해결할 중요한 단서를 제공했다.

늙은 집사가 제공한 중요한 단서란 과연 무엇일까?

006 립스틱 자국의 비밀

　S 호텔은 상류사회 인사들이 운집하는 고급 호텔이다. 자연히 호텔 측은 고객의 안전과 사생활 보호에 온 신경을 기울이며 모든 위험 요소를 최소화하기 위해 애썼다.

　강력계 형사반장인 찰스가 S 호텔에 발을 들인 이유는 순전히 용의자를 추적하기 위해서였다. 그런데 호텔 안을 은밀히 조사하고 관찰하던 중 수상한 여성이 레이더에 포착됐다. 겉모습과 꾸밈새 모두 완벽하고 행동거지 또한 우아했지만 다년간 수사를 하며 경험을 쌓아온 찰스가 보기에는 무언가 영 석연치 않았다. 왜 그런지를 생각하던 찰스는 문득 얼마 전 경찰서에서 들은 정보를 떠올렸다. 최근 여장 남자 사기꾼이 활개치고 있다는 정보였다. 순간 찰스의 온몸에 소름이 돋았다.

　심증을 굳히려면 그녀를 가까이서 좀 더 자세히 살펴야 했지만 쉽지 않았다. S 호텔의 엄격한 투숙객 프라이버시 보호정책 때문에 호텔의 협조를 얻는 것도 어려웠다. 그렇다고 지나치게 주의를 끌거나 소란을 일으킬 행동을 할 수도 없었다. 남몰래 쫓고 있던 용의자를 놓칠 수도 있고, 물의를 일으켰다는 이유로 향후 호텔 출입이 제한될 수 있었기 때문이다. 고민 끝에 찰스는 웨이터 한 명을 포섭해서 무언가를 은밀히 부탁했다.

　잠시 후, 문제의 여성이 호텔 레스토랑에 나타났다. 웨이터는 와인 두 잔을 들고 그녀에게 다가가 미소 지으며 말했다.

　"축하합니다! 저희 레스토랑에서 85년산 와인 두 잔을 무료로

증정하는 이벤트를 진행 중인데, 제비뽑기 결과 손님이 앉아 계신 바로 이 테이블이 선정됐습니다. 혹시 혼자 오셨나요? 아, 그러시군요. 이렇게 아름다운 여성분께서 동행도 없이 오시다니 안타깝네요. 괜찮으시다면 와인을 드시는 동안 제가 친구가 되어드려도 될는지요? 제게 정말 큰 영광이 될 겁니다.”

갑작스런 행운을 마다할 사람은 없었다. 웨이터가 잔을 들어 올리며 건배를 청하자 여성은 어쩔 수 없이 잔을 들어 살짝 부딪친 후 입을 댔다. 잔은 금세 비워졌다. 와인이 입맛에 딱 맞았는지 그녀는 연달아 두 번째 잔을 기울였다. 잔 주둥이에는 붉은 립스틱 자국이 가득 남았다.

옆 테이블에서 몰래 여성을 지켜보던 찰스는 작은 단서에서 심증을 굳히고 망설임 없이 지원 병력을 불렀다. 여성을 체포한 뒤 조사해본 결과, 과연 악명 높은 여장 남자 사기꾼이 맞았다.

찰스는 무엇을 보고 심증을 굳혔을까?

007 도둑맞은 깃발

프랑스의 한 작은 도시, 1년에 한 차례 열리는 모터사이클 대회가 성황리에 진행되고 있었다. 며칠에 걸친 치열한 예선 경기에서 관중의 환호를 가장 많이 받은 팀은 바로 크루즈와 폭스였다.

결승전 전날 저녁, 대회 주둔지에는 묘한 긴장감이 감돌았다. 한낮의 축제 같은 분위기는 사라진 지 오래였으며, 마지막 4강에 오른 팀들은 각자 최후의 결전을 위해 막바지 정비를 하느라 정신이 없었다. 강을 옆에 끼고 엘란트라, 크루즈, 조르지나의 팀 주둔지가 나란히 붙어 있었고 이들보다 200미터가량 상류로 올라간 곳에 폭스의 팀 주둔지가 있었다.

모두가 잠자리에 들었을 시각, 검은 그림자가 크루즈 팀의 차고에 몰래 숨어들었다. 잠시 후 크루즈 팀원인 마이크는 무언가 떨어지는 듯한 날카로운 금속성 소리에 잠에서 깼다. 그가 황급히 달려나갔을 때 검은 그림자는 강 쪽으로 도망치는 중이었다. 마이크는 전력으로 뒤를 쫓았지만 워낙 어두웠던 탓에 결국 놓치고 말았다. 하지만 소득이 전혀 없지는 않았다. 돌아오던 길에 찢긴 노란색 천 조각을 주운 것이다.

30분 후, 신고를 받고 현장에 도착한 존 경장은 즉시 모든 팀의 단장을 한자리에 불러모았다. 그는 마이크가 주운 천 조각을 보여주며 조르지나 단장에게 말했다.

"범인이 떨어뜨린 단서입니다. 보시죠. 조르지나 팀 깃발의 일부 같지 않습니까?"

조르지나 단장은 얼떨떨한 표정으로 고개를 끄덕였다.

"맞습니다. 정말 이상하네요. 사실 며칠 전에 팀 깃발을 전부 도둑맞았거든요."

그때 키가 크고 마른 남자가 들어왔다. 남자의 왼손에는 낚싯대가, 오른손에는 축축하게 젖은 무언가가 들려 있었다. 그는 자신을 의아하게 쳐다보는 좌중을 훑어본 뒤, 경장에게 말했다.

"누군가가 이걸 존 경장님께 가져다주라더군요."

존은 그것을 받아 펼쳤다. 축축하게 젖은 노란 깃발이었는데 한 귀퉁이가 찢어져 있었다. 찢어진 부분에 노란색 천 조각을 대자 딱 맞았다.

"이 깃발, 어디서 났습니까?"

"우리 주둔지 근처 강가에서 낚시를 하다 주웠습니다. 아, 전 폭스 팀 소속의 에릭이라고 합니다."

"그게 언제였나요?"

"15분쯤 전입니다. 막 낚싯줄을 던지려는데 뭔가가 크루즈 팀 주둔지 쪽에서 떠내려오더군요."

조르지아 팀 단장이 발끈하며 소리쳤다.

"모함입니다. 명백한 함정이라고요! 역시 크루즈 단장이 쓸 법한 비열한 수야. 저 인간은 예전부터 그랬어!"

크루즈 단장도 벌컥 화를 내며 벌게진 얼굴로 맞받아쳤다.

"내가 미치지 않고서야 자기 발등 찍을 짓을 왜 하겠소?"

존은 두 사람을 말렸다.

"두 분 다 진정하세요. 진짜 범인은 우리 중에 있습니다. 전 그게 누구인지 이미 파악했고요."

말을 마치자마자 존이 누군가를 날카롭게 바라봤다. 그 눈길을 받은 사람은 소스라치게 놀라더니 저도 모르게 고개를 돌렸다. 과연 범인은 누구일까?

008 위험한 달걀

블레즈는 친구 골맨과 사소한 내기를 했다가 져서 사전에 약속한 대로 날달걀 열 개를 마시는 벌칙을 받게 됐다. 어차피 재미로 시작한 내기라 블레즈는 흔쾌히 결과를 받아들였지만, 골맨이 자신을 해칠 의도로 이런 일을 꾸몄다는 사실은 꿈에도 예상하지 못했다.

블레즈는 친구들을 모아놓고 정식으로 '날달걀 마시기'를 시작했다. 첫 번째 달걀 껍데기를 살짝 깨서 쭉 들이켠 그는, 이어 두 번째 달걀도 거침없이 들이키며 좌중의 박수를 받았다. 그런데 네 번째 달걀을 삼킬 찰나 일이 벌어졌다. 블레즈의 안색이 갑자기 파랗게 변하더니 목이 졸린 사람처럼 컥컥 대다 피를 한 움큼 토한 것이다. 친구들은 깜짝 놀라 그를 병원으로 이송했다. 다행히 적절한 응급조치를 받은 덕에 블레즈는 목숨을 건졌다.

곧장 조사에 착수한 경찰은 달걀 안에 매우 작은 바늘이 들어 있는 것을 발견했다. 달걀을 제공한 사람은 다름 아닌 골맨이었다. 이상한 점은 달걀 껍데기에 아무 흔적도 없었다는 점이다. 골맨은 달걀 껍데기를 손상시키지 않고 어떻게 달걀 안에 바늘을 집어넣은 것일까?

009 어둠 속의 독살

　네온사인의 불빛이 반짝이는 어느 술집, 남자 세 명이 한 테이블에 앉아 샴페인을 마시며 이야기를 나누고 있었다. 그런데 갑자기 모든 불이 꺼졌다. 정전이 된 것이다. 잠시 술렁이기는 했지만 곧 웨이터들이 테이블마다 촛불을 켰고, 손님들은 계속 술을 마시며 담소를 나눴다. 그런데 잠시 후, 한 남자가 고통스런 신음을 내뱉더니 바닥에 쓰러져 숨을 거뒀다. 술집은 일순간 혼란에 휩싸였다. 술집 사장은 너무 놀라 심장마비가 올 것 같았지만 이내 정신을 바짝 차리고는 아무도 밖으로 나가지 못하게 한 뒤 즉시 경찰에 연락했다.

　잠시 후, 경찰과 함께 유명한 탐정 로리가 현장에 도착했다. 피해자와 그가 마신 잔을 살핀 로리는 사인을 독살로 추측했다. 매우 치명적인 액체 독약을 마시고 사망했다는 것이다. 무색무취의 이 독약은 한 방울만 마셔도 즉시 사망에 이를 만큼 독성이 강했다.

　"이번 정전은 사전에 미리 예고됐었나요?"

　로리의 질문에 사장은 고개를 끄덕였다.

　"네, 그래서 양초를 미리 준비해뒀습니다."

　"범인도 분명히 정전될 것을 알고 사전에 독약을 준비해 왔을 겁니다. 전기가 나가 깜깜해진 틈을 타서 피해자의 잔에 독을 넣었겠지요."

　로리는 정확한 사건 시각을 묻고 테이블 간의 거리를 잰 뒤 바닥을 유심히 살폈다. 수상한 물건은 보이지 않았다. 그는 피해자와 같은 테이블에 앉은 사람이 범인이라고 확신했다. 테이블끼리 상당히 떨어져 있는 편이라 같은 테이블에 앉아 있지 않고는 그토록 짧은 순간에 범행을 저지를 수 없기 때문이다.

로리는 피해자와 같은 테이블에 앉았던 두 명의 남자에게 가지고 있는 물건을 전부 꺼내놓으라고 요구했다. 갑의 주머니에서는 손목시계, 담배, 손수건, 현금과 성냥이 나왔다. 을에게서는 풍선껌과 손목시계, 만년필, 손수건, 수첩, 현금이 나왔다. 대체 이걸로 뭘 알 수 있다는 것일까? 혼란에 빠진 사람들과 달리 로리는 망설임 없이 을을 가리키며 말했다.

"당신이 범인이로군!"

로리는 왜 을을 범인으로 지목했을까?

010 호화 유람선의 침몰

호화 유람선 한 척이 태평양에서 암초와 충돌하여 침몰했다. 이 유람선은 출항 전 거액의 재난보험을 들었기 때문에 향후 모든 피해보상은 보험 회사가 책임지기로 했다. 보험 회사는 피해보상을 하기 전 절차대로 해당 사고를 자세히 조사하기 위해 경험이 풍부한 조사관 헨리를 기용했다.

헨리는 먼저 천만다행으로 살아남은 생존자들을 대상으로 인터뷰를 진행했다. 대부분 배가 암초에 부딪힌 후 즉시 구명정에 옮겨 타서 목숨을 건진 사람들이었다. 사고 당시 상황을 묻자, 생존자 대부분이 구명정을 타고 한참 떨어진 후에야 배가 침몰하기 시작했으며, 3분쯤 후 엄청난 폭발음과 함께 완전히 가라앉았다고 진술했다. 그런데 그중 한 사람은 폭발음을 두 번 들었으며, 그런 뒤에 배가 침몰했다고 주장했다. 다른 사람들과 달리 스스로 수영해서 침몰하는 배에서 빠져나온 생존자였다. 그의 설명은 이러했다.

배가 암초에 부딪힌 후 엄청난 파열음과 함께 선실 내로 물이 빠르게 차올랐다. 다행히 그는 수영을 꽤 잘했기 때문에 즉시 유람선 밖으로 헤엄쳐 나왔다. 조금만 지체했다가는 배가 침몰하면서 생기는 소용돌이에 휩쓸릴 수도 있었다. 그렇게 대략 500미터쯤 헤엄쳐 갔을 때 첫 번째 폭발음이 들렸고, 배가 가라앉기 시작했다. 그리고 몇 초 뒤 두 번째 폭발음이 들렸다.

헨리는 그가 들은 것과 나머지 생존자가 들은 폭발음이 다른 이유를 알 수 없었지만 일단 조사한 대로 기록했다. 그런 뒤 돌아오

는 길에 동료에게 자신이 품은 의문을 이야기했다. 뜻밖에도 동료
는 별일 아니라는 듯 말했다.

"폭발음을 한 번 들었다는 말도, 두 번 들었다는 말도 모두 진실
이라네."

헨리는 더욱 혼란해졌다. 모두 진실이라니, 동료는 무슨 근거로
이렇게 말한 것일까?

011 금발 미녀의 범죄

마흔을 넘긴 우진은 화려한 독신생활을 하고 있었다. 그런 그가 어느 저녁, 한 레스토랑에서 살해되었다. 낮에 은행에서 거액의 현금을 찾은 것이 화근이었다.

일주일 치 생활비를 찾으러 은행을 다녀오던 길에 우진은 집 근처 해변에 새로 문을 연 해산물 레스토랑에 들렀다. 유명한 외국인 셰프가 있어서인지 레스토랑 안은 내국인 못지않게 외국인도 많았다. 우진이 자리를 잡고 앉아 막 식사를 하려는데, 한 여성이 홀로 레스토랑으로 들어섰다. 호피 무늬 외투를 걸치고 흰색 하이힐을 신은 그녀는 바다처럼 파란 눈동자와 금발이 인상적인 미인이었다. 그녀가 스치는 곳마다 고급 향수 향이 짙게 묻어났다.

그녀에게 한눈에 반한 우진은 망설임 없이 다가가 말을 걸었다. 비록 한국어가 서툴기는 했지만 그녀 역시 우진에게 관심을 보였고, 두 사람은 곧 즐겁게 대화를 나눴다. 그러나 좋은 분위기는 금발 미녀가 우연히 우진의 가방 틈새로 두둑한 현금다발을 보기 전까지였다. 돈을 본 금발 미녀가 나쁜 마음을 품은 것이다.

우진이 잠시 자리를 비운 사이 그가 화장실에 갔다고 생각한 금발 미녀는 가방을 가지고 도망치려고 했다. 그런데 우진은 화장실이 아니라 잠시 전화를 하러 갔고, 전화가 연결되지 않는 바람에 금방 자리로 돌아왔다. 금발 미녀가 자신의 가방을 들고 입구 쪽으로 달려가는 모습을 본 우진은 곧바로 뒤를 쫓았고, 두 사람은 입구 홀에서 옥신각신 몸싸움을 벌였다. 순간 금발 미녀가 홀 테이블에 있던 꽃병을 들어 우진의 머리를 강타했다. 그 일격에 우진은 즉사했다. 레스토랑 측은 곧바로 경찰에 신고했고, 얼마 후 경찰이 현장에 도착했지만 혼란한 틈을 타 금발 미녀는 감쪽같이 종적을 감춰버렸다.

경찰은 감시 카메라를 확인했으나 오래전에 고장 나서 아무것도 녹화되어 있지 않았다. 물증과 증언에 의존해 범인을 찾는 수밖에 없었다. 피해자의 시신을 조사한 결과, 기다란 금빛 머리카락 한 가닥이 발견됐다. 목격자 역시 범인은 금발 여성이라고 증언했기 때문에 이 머리카락의 주인을 찾으면 사건을 해결될 터였다.

경찰은 현장 인근을 샅샅이 훑으며 눈에 띄는 금발 여성을 전부 조사했다. 그러나 다들 사건 시각에 확실한 알리바이가 있는 것으로 밝혀졌다. 수사가 장기화되려는 그때, 한 형사가 한 가지 가설을 떠올렸고 수사는 급물살을 탔다. 마침내 경찰은 우진을 죽인 범인을 체포했다.

형사가 떠올린 가설은 무엇일까?

012 노인의 기지

한 부자 노인이 젊은 여성을 아내로 맞이했다. 노인은 아내에게 더없이 다정했지만 젊은 아내의 관심은 오로지 노인이 하루빨리 죽어서 그의 전 재산을 물려받는 일이었다. 그녀는 시종일관 노인을 죽일 궁리만 하다가 마침내 기회를 포착했다. 노인이 교외의 별장에 며칠간 머물겠다고 한 것이다. 아내는 수소문 끝에 실력이 출중하다는 살인 청부업자를 구했고, 강도 사건으로 위장해 노인을 살해해달라고 의뢰했다.

청부업자는 강도처럼 꾸미고 노인의 별장에 침입했다. 청부업자의 싸늘한 눈빛에 노인은 벌벌 떨며 말했다.

"설마 내 아내가 보낸 겐가? 그 여자가 얼마를 불렀든, 내 무조건 두 배를 주겠네. 그러니 살려주게!"

"안 그래도 어르신 아내가 그러더군요, 꼭 그렇게 말씀하실 거라고. 어르신이 죽고 나면 재산은 전부 자기 것이 되니, 어르신이 확실히 죽기만 한다면 성공 보수를 몇 배나 더 주겠다는 말도 했고요. 그러니 어쩌겠습니까? 어르신이 확실히 죽어주시는 수밖에!"

노인은 절망했다. 그는 마지막으로 온정에 호소했다.

"어차피 죽일 거라면 나와 술 한 잔 마셔주게. 마지막 가는 길에 그 정도 소원은 들어줄 수 있지 않나."

"좋습니다. 어려운 일도 아니지요."

노인은 주류 선반에서 고급 와인 한 병을 꺼내 잔에 따랐다. 노인이 건넨 와인을 마신 청부업자가 이죽댔다.

"정말 좋은 술이로군요. 죽기 전에 마시기 딱 좋습니다."

노인은 쓸쓸하게 웃었다.

"자네도 술을 보는 안목이 있구먼. 이왕 이렇게 된 거, 내가 금고에 넣어둔 최고급 위스키도 함께 드세나. 금고이니만큼 현금도 좀 있다네. 그것도 꺼내주지. 어차피 죽을 목숨, 돈이 무슨 필요 있겠나."

청부업자의 눈빛이 살짝 누그러졌다. 노인은 금고로 가서 위스키를 꺼내 왔다. 동시에 몰래 어떤 행동을 했다.

위스키를 들이켠 후, 청부업자가 싸늘한 어투로 내뱉었다.

"돌이킬 수 없는 일이라는 게 있는 법이지요. 저도 제 일을 마무리해야겠습니다. 이제 가시죠."

자신의 마지막 바람을 이룬 노인은 말없이 담담하게 죽음을 받아들였다.

얼마 후, 이 사망 사건을 조사하던 경찰은 노인이 남긴 단서를 찾아냈고 그 덕에 손쉽게 살인 청부업자와 젊은 아내를 체포할 수 있었다. 노인이 남긴 단서는 무엇일까?

013 사라진 푸른천사

　B시에서 개최된 국제박람회에서 가장 많은 관심과 인기를 끈 것은 단연 '푸른천사'라는 이름의 108캐럿짜리 블루다이아몬드였다. 이 희귀한 거대 다이아몬드를 안전하게 전시하기 위해 주최 측은 외국에서 도난 방지 전문가를 초빙해 '푸른천사'만을 위한 전시 케이스를 특별 제작했다. 사면이 방탄유리로 둘러싸인 이 케이스는 총알은 물론 쇠망치로 내리치는 힘을 수십 킬로그램까지 너끈히 이겨낼 수 있었다. 또한 주변에는 감시 모니터가 촘촘히 설치되어 24시간 내내 '푸른천사'를 향한 수상한 행동이나 접근을 전부 기록했다.

　그러나 이처럼 철저한 대비에도 사건이 터지고 말았다. 전시 5일째인 성탄절 저녁, 엄청난 양의 폭죽이 터지며 굉음을 내는 틈을 타 웬 괴한이 쇠망치로 전시 케이스의 방탄유리를 한번에 깨고 감쪽같이 '푸른천사'를 훔쳐 간 것이다. 감시 카메라에 범인의 행적이 찍히기는 했지만 복면으로 얼굴을 가린 데다 아무런 증거도 남기지 않은 탓에 사건은 미궁에 빠졌다.

　주최 측은 범인을 잡지 못해도 좋으니 자신들의 방범책 중 미비했던 부분을 알려달라며 감시 영상을 경찰에 제공했다. 시 경찰국장 낸시는 영상을 보자마자 이렇게 단언했다.

　"범인은 주최 측이 외국에서 초빙한 도난 방지 전문가가 틀림없어요."

　낸시는 어째서 이런 판단을 내렸을까?

014 수상한 전화

D그룹은 제조업 분야에서 손꼽히는 우수기업이다. 어느 날, D 그룹의 류 회장은 목소리가 변조된 전화 한 통을 받았다.

"당신의 아들 류현종을 데리고 있다. 내일 오후까지 몸값 300억을 준비하라. 그렇지 않으면 당신 아들에게 무슨 일이 벌어질지 모른다. 경찰에 신고할 생각은 마라. 더 이상 아들을 보고 싶지 않다면 신고해도 상관없다. 또 한 가지, 몸값은 반드시 낡은 지폐로 준비하라. 몸값 전달방식에 대해서는 내일 다시 연락하겠다."

수화기 너머의 사람은 빠르게 요구 사항을 말한 뒤 전화를 뚝 끊었다.

신고하지 말라는 협박에도 류 회장은 경찰에 연락했다. 신고를 받은 경찰은 즉각 전담팀을 구성하고, 오 형사를 필두로 한 수사관 네 명을 류 회장의 집에 급파했다. 이들은 집에 도착하자마자 전화기에 자동응답 장치, 도청 장치, 녹음기, 전화 위치추적 장치 등을 설치했다. 또한 일말의 단서라도 찾을 수 있기를 바라며 D그룹 소속의 직원 수백 명과 하청업자 수십 명, 류 회장의 친척 및 경쟁 상대, 현종의 친구와 학교 동급생을 대상으로 조사를 벌였다. 그뿐만 아니라 시내의 버려진 아파트나 빈 건물, 심지어 인근 산의 동굴과 폐가까지 샅샅이 살폈다. 납치범이 그중 어딘가에 근거지를 마련했을지도 모른다고 생각한 것이다. 또한 경찰 인력을 대대적으로 동원해 평소 불량배들이 자주 출몰하는 안마업소, 술집, 무도회장 등도 이 잡듯이 뒤졌다. 그러나 안타깝게도 아무런 성과가 없었다.

모든 노력이 허사로 돌아가자 경찰은 범인이 이번 범행을 사전에 철저히 준비했으며, 일상적인 수사방식과 흐름까지 예상하고 대비한 것으로 판단했다. 이제 남은 일은 납치범이 몸값 전달방식을 전하기 위해 류 회장에게 다시 연락하기를 기다리는 것뿐이었다.

류 회장은 경찰에게 현종이 얼마나 착하고 효심이 깊은지, 얼마나 성실하고 훌륭한 학생인지 몇 번이고 이야기했다. 그러면서 아들을 구할 수만 있다면 무슨 일이든 하겠노라고 울먹였다. 경찰국장은 류 회장에게 반드시 아들을 찾아 무사히 집으로 데려오겠노라고 장담했다. 그리고 조심스레 한마디 덧붙였다.

"일단 몸값은 준비하셔야 할 것 같습니다. 범인이 모습을 드러내게 할 미끼가 필요하니까요."

문제는 금융 위기의 여파로 D그룹의 실적이 하락하는 바람에 당장 현금으로 300억을 마련할 도리가 없다는 점이었다. 은행에 대출을 신청해봤지만 실적 하락과 담보 부족을 이유로 거부당했다. 결국 경찰 측에서 행정상 필요하다는 명목으로 D그룹에 대출해줄 것을 은행에 요구하여 가까스로 몸값을 마련했다.

다음 날 오후 2시, 납치범에게서 전화가 왔다. 어제와 똑같이 변조된 목소리가 단도직입적으로 물었다.

"몸값은 준비됐나?"

"됐습니다, 다 됐어요."

류 회장은 잔뜩 긴장한 채로 대답했다. 곁에서는 오 형사가 장치를 통해 대화를 엿듣고 있었다.

"모두 낡은 지폐겠지?"

"물론입니다."

"그럼 돈을 전부 비닐봉지에 넣어서 단단해 밀봉해두고, 다음 연락을 기다리도록."

"잠시만, 그전에 아들이 무사한지 알아야겠소!"

"좋아. 기다려."

잠시 후, 수화기에서 현종의 떨리는 목소리가 흘러나왔다.

"아버지…."

"현종아! 괜찮으냐? 다친 곳은 없고?"

"네, 아버지. 이 사람들 저한테 잘해주고 있어요."

"다행이다, 다행이야! 조금만 기다려라. 돈은 준비됐으니 꼭 널 구해주마!"

"네…."

전화는 거기서 끊겼다. 시간이 충분하지 않았기에 위치추적은 실패하고 말았다.

오후 7시, 납치범이 다시 전화를 걸어왔다.

"8시 30분까지 북쪽 연안에 있는 센트럴호텔 로비로 가라. 그곳에서 다음 지령을 기다려."

납치범은 이 말만 하고 전화를 끊었다. 류 회장은 즉시 오 형사와 함께 센트럴호텔로 향했다. 깎아지른 듯한 해안 절벽 위에 자리한 센트럴호텔은 시야가 탁 트인 편이었고, 절벽 아래는 푸른 바다가 흉흉하게 일렁였다. 오 형사는 미리 본부에 연락해서 호텔 곳곳에 사복 경찰을 배치하고, 도로에 기동대를 대기시켰다. 또한 바다쪽은 해안 경비정 10여 척을 동원해 삼엄한 경계를 펼쳤다.

류 회장 일행이 호텔에 도착한 지 얼마 되지 않아 납치범에게서 전화가 걸려왔다.

"지금 당장 호텔 최고층 바다 쪽 발코니로 가서 바다로 돈을 던져라. 빨리 움직여! 허튼짓은 하지 않는 게 좋아. 당신의 일거수일투족 모두 보고 있으니까. 내 말대로 하지 않으면 다시는 아들 얼굴을 볼 수 없을 거다!"

류 회장은 황급히 엘리베이터를 타고 최고층으로 올라가 바다 쪽 발코니로 달려갔다. 발코니 난간에 의지해 아래를 내려다보았지만 푸른 파도가 절벽에 부딪쳐 새하얀 포말을 일으키고 있을 뿐, 사람은 그림자도 보이지 않았다. 류 회장은 뒤따라온 오 형사가 말릴 새도 없이 비닐봉투로 꽁꽁 싸맨 돈 뭉치를 바다로 힘껏 던졌다. 해수면에 떨어진 돈 뭉치는 눈 깜짝할 사이에 파도에 삼켜져 자취를 감췄다.

오 형사는 허망하게 바다를 바라봤다. 납치범이 설마 이렇게 괴이한 방식으로 몸값을 전달받으리라고는 예상하지 못했기 때문이다. 호텔 안팎에 촘촘히 깔아놓은 체포망도 무용지물이 되고 말았다.

"이런 식으로 나오다니. 하지만 절벽 아래는 암초투성이라 배를 타고 접근할 수도 없는데, 범인은 대체 돈을 어떻게 가져가겠다는 거지?"

오 형사는 감탄인지, 탄식인지 알 수 없는 어투로 중얼거렸다. 그리고 무언가 생각하듯, 고개를 갸우뚱 기울였다. 곁에 있던 류 회장은 불안한 표정으로 연신 손을 문질렀다.

류 회장이 집으로 돌아온 지 얼마 되지 않아 현종이 돌아왔다! 현종이 무사히 풀려났다는 것은 곧 납치범이 몸값을 가져갔다는 뜻이었다. 그러나 그토록 짧은 시간에 험준한 지형과 경찰의 삼엄한 감시를 뚫고 바다에 빠진 돈을 챙겨 가다니, 아무리 생각해도 불가사의한 일이었다.

경찰은 현종에게 납치당할 당시의 상황과 과정을 상세히 질문하고 철저히 조사했다. 그러나 범인이 대체 어떤 수를 썼는지는 도무지 밝혀낼 수 없었다. 사건을 해결할 아주 작은 실마리조차 잡히지 않았다. 매스컴은 '신출귀몰한 납치범, 경찰을 완전히 물먹이다'라는 제목으로 경찰의 무능함을 신랄하게 비판했다. 그렇게 사건은 영원히 미제로 묻히는 듯했다.

그런데 사건 발생 일주일 후, 오 형사가 갑자기 D그룹을 찾아왔다. 그는 류 회장과 마주앉자마자 이런 말을 꺼냈다.

"류 회장님, 회사가 파산 위기에 처해 있다는 소문을 들었는데 오늘 보니 전혀 그런 기미가 보이지 않네요. 헛소문이었나 봅니다.

그렇죠?"

　도무지 속을 알 수 없는 질문에 류 회장은 당황했다.

　"그렇소. 모두 경쟁사가 퍼뜨린 악의적인 중상모략입니다. 아무 근거도 없이 말이죠."

　"보아하니 D그룹은 정말 내실이 탄탄한 회사 같네요. 아, 오늘 제가 찾아온 용건을 말씀드리지 않았군요. 사실 그동안 아드님 납치 사건 조사에 진전이 있었습니다."

　"그래요? 새로운 단서를 발견했나요?"

　류 회장이 순간 눈을 반짝였다.

　"단서라기보다는, 제가 현장에서 실험을 하나 해봤습니다. 사라진 돈 뭉치와 똑같은 무게, 똑같은 부피의 종이 뭉치를 만든 뒤 비닐봉투에 싸서 바다로 던져본 거죠. 파도가 얼마나 거칠던지, 5분 만에 비닐봉투가 갈가리 찢어지더군요. 물론 종이도 산산조각 나서 바다 위를 떠다니고요."

　"아, 그럼 납치범은 돈 뭉치가 바다에 떨어지고 5분이 채 되기 전에 가져간 셈인가요? 그렇다면 미리 절벽 아래에서 기다리고 있었을 가능성이 크군요."

　"그게 그렇게 간단하지는 않습니다. 그날 밤 그 시각은 밀물 때라 도무지 사람이 절벽 아래에 접근할 수 없는 상황이었거든요."

　"납치범이 뭔가 특별한 수를 썼겠죠, 우리가 알지 못할 뿐."

　"저희도 같은 생각이었습니다. 그래서 돈을 가져갈 만한 모든 방법을 실험해보았습니다만, 결과적으로 모두 실패했죠. 결국 우리는 두 가지 가능성밖에 없다는 결론에 이르렀습니다."

"두 가지 가능성이요?"

"첫 번째, 돈은 전부 바다에서 흩어져버렸다."

"하지만 납치범은 제 아들을 풀어주지 않았습니까? 돈을 가져가지 못했다면 왜 풀어줬겠소?"

"그렇죠. 아드님이 풀려났다는 것은 납치범이 돈을 가져갔다는 뜻이지요. 저희 역시 첫 번째 가능성은 일찌감치 배제했습니다."

"그럼 두 번째 가능성은?"

"두 번째는⋯."

오 형사가 류 회장의 얼굴을 빤히 바라보며 확신에 찬 목소리로 말했다.

"회장님이 바다에 던진 것은 진짜 돈 뭉치가 아니라는 거죠."

"그게 무슨 뜻입니까?"

류 회장은 그 말을 듣자마자 꼬리를 밟힌 고양이처럼 펄쩍 뛰어올랐다.

"무슨 뜻인지는 회장님이 더 잘 아실 텐데요."

"제대로 설명하는 게 좋을 거요. 엉뚱한 사람 잡지 말고!"

"좋습니다. 인정을 안 하시니 제가 대신 설명해드리죠. 우리는 생각했습니다. 모든 불가능을 제하고 나면 아무리 아닌 것 같아도 결국 마지막에 남는 것이 진실이지 않겠는가? 설령 그것이 부정하고 싶은 진실이라 할지라도 인정할 수밖에 없지 않은가? 진상은 이렇습니다. 이 납치 사건 자체가 회장님이 은행에 대출을 받기 위해 꾸며낸 자작극입니다. 이미 직접 수차례 강조하신 대로 현종 군은 효심이 지극한 아들입니다. 아버지가 맨손으로 평생을 바쳐 일군 회사가 부도 위기에 빠지다니, 착한 현종 군은 가만있을 수 없었을 겁니다. 무슨 일이든 하려 했을 겁니다. 결국 두 사람은 작당을 했습니다. 납치 사건을 꾸며내기로 한 거죠. 현종 군은 스스로 납치된 것처럼 꾸몄습니다. 아들을 납치한 사람이 아들 자신이니, 회장님도 당연히 경찰에 신고하는 게 두렵지 않았겠죠. 결국 회장님은 경찰을 이용해서 은행 대출을 받는 데 성공했고, 회사는 파산 위기에서 벗어났습니다."

"마, 말도 안 되는 소리! 즈, 증거 있어? 증거 있냐고! 아니면 무고죄로 고소할 거야!"

류 회장은 쥐어짜내듯 소리쳤지만 얼굴에는 당황한 표정이 뚜렷했다.

"물론 심증만으로 내린 결론은 아니지요. 당연히 있습니다, 그 증거."

"그게 뭔데! 내놔봐!"

류 회장의 목소리에 다급함이 묻어났다.

"도무지 인정하지 않으시니 이제 어쩔 수 없네요, 증거를 보여 드리죠."

오 형사가 가방에서 녹음기와 녹음테이프 한 묶음을 꺼냈다. 잠시 후 녹음기에서는 납치범과의 전화 내용이 흘러나왔다.

　녹음테이프를 다 들었지만 류 회장은 여전히 뭐가 증거인지 알지 못했다. 그러나 오 형사가 다음 테이프를 들려주자 곧 창백하게 질려 힘없이 주저앉고 말았다. 오 형사가 쓸쓸하게 말했다.

　"설마 이런 증거가 있으리라고는 생각하지 못하셨겠죠. 그래서 '하늘의 그물은 얼기설기 엮여 있어도 절대 빠져나갈 수 없다'고 한 겁니다."

　오 형사가 제시한 증거란 무엇일까?

015 담배꽁초에 숨겨진 단서

　주말 새벽, 경찰서에 살인 사건 신고가 들어왔다. 피해자는 유명 피아니스트의 아내로 자택에 숨져 있는 것을 남편이 발견하고 신고한 것이다.

　폴 경장은 경관 다섯 명을 데리고 사건 현장으로 달려가 초동수사를 벌였다. 집 안팎을 샅샅이 뒤졌지만 현관문 근처 땅바닥에서 겨우 몇 모금 피우고 버린 담배꽁초를 발견한 것 외에 아무 단서도 찾지 못했다. 부검 결과에 따르면 피해자는 날카로운 흉기에 심장을 찔려 사망했으며 사망 추정 시간은 금요일 오후 2시 30분부터 3시 사이였다. 그 시각에 남편은 순회공연 차 영국에 있었기 때문에 자연히 용의선상에서 제외됐다.

　주변인과 이웃을 탐문한 경찰은 유력한 용의자 두 명을 발견했다. 한 명은 피해자의 애인이었고, 다른 한 명은 보험 판매원이었다. 이웃의 증언에 따르면 전자는 피해자와 각별한 사이였으나 종종 문밖까지 소리가 들릴 정도로 심하게 다퉜다 하고, 후자는 피해자에게 보험을 팔기 위해 수차례 찾아왔지만 번번이 매몰차게 거절을 당했다고 했다. 공교롭게도 두 용의자 모두 현관문 앞에서 발견된 담배꽁초와 같은 상표의 담배를 피웠다.

　용의자들을 조사하라고 명령한 뒤, 폴 경장은 땅바닥에 시선을 고정한 채 담배를 피우며 피해자 집 주변 거리를 걷기 시작했다. 그러다가 다른 집 현관 앞에도 몇 모금 빨고 버린 담배꽁초가 한 개비, 혹은 몇 개비씩 버려져 있는 것을 발견했다. 모두 피해자의 현관문 앞에서 발견된 것과 같은 상표였다. 폴 경장은 불현듯 고개를 들더니 황급히 사건 현장으로 돌아와 경관에게 말했다.

"범인은 보험 판매원일 가능성이 80퍼센트 이상이야. 당장 가서 그자를 잡아 와!"

몇 시간 후, 보험 판매원은 경찰에 체포됐다. 대체 폴 경장은 무엇을 근거로 그가 범인이라고 판단했을까?

박물관 관장의 죽음

어느 날 오후 6시, 박물관 관장 트로비시가 사무실에 숨져 있는 것을 경비원이 발견해 경찰에 신고했다. 평소 의욕이 넘쳤던 트로비시는 특히 고대 유물 수집에 지대한 관심을 보였는데, 그런 그가 가장 아꼈던 유물은 이집트 투탕카멘 파라오의 황금가면이었다. 그는 이 가치를 따질 수 없는 귀한 유물을 자기 사무실 벽에 걸어두고 봤으며, 매일 오후 5시 박물관 안전 점검을 할 때를 제외하고는 늘 사무실을 지켰다. 그런데 사건 당일 5시가 넘도록 트로비시는 사무실에서 나오지 않았고 이를 이상하게 여긴 경비원이 가보았을 때는 이미 심장에 칼이 찔린 채 자신의 피가 만들어낸 웅덩이 속에 엎드려 죽어 있었다. 벽에 걸려 있던 황금가면도 감쪽같이 사라진 뒤였다. 살인자가 누구든 그가 황금가면도 훔쳐 간 것이 분명했다.

미카엘 경장은 현장에 도착하자마자 관장의 책상을 살폈다. 책상 위에는 지구의, 책, 망원경, 그리고 불이 붙었지만 아직 다 타지 않은 시가 한 개비가 놓여 있었다. 관장은 생전에 대단한 시가 애호가였는데 죽기 전에 불을 붙이고 채 피우기도 전에 변을 당한 듯 보였다. 시가가 타들어간 시간을 역으로 계산해본 결과 사망 시각은 오후 5시 전후로 추측됐다.

박물관 관계자의 증언에 따르면, 관장의 사무실은 오후 내내 조용했으며 방문자는 수집가인 패트릭뿐이었는데 그도 오후 2시 전에 돌아갔다고 했다. 패트릭은 오후 5시경에 한 자선모금 행사에 참여했던 것으로 밝혀지면서 알리바이가 확인됐다.

대체 범인은 누구일까? 미카엘 경장은 책상 위의 물건들을 유심히 바라보며 고민에 빠졌다. 그러던 중 갑자기 섬광이 번뜩였다. 경장은 패트릭이 범인이라고 확신했다. 그는 무엇을 근거로 이런 결론을 내렸을까?

017 치밀한 살인 계획

젊고 유망한 건축가 파브르는 프랑스 에펠탑배 건축대회에서 대상을 수상하며 자신의 진가를 또 한 번 증명했다. 금의환향한 그를 위해 친구들이 축하 파티를 열어주었다. 수많은 사람이 그날의 주인공에게 연신 축하주를 권하는 바람에 안 그래도 술이 약한 편인 파브르는 금세 취하고 말았다.

파브로와 함께 대회에 참가했지만 수상하지 못한 숀이 축하 파티를 주관했다. 숀은 파브르가 술기운에 비틀거리는 모습을 보고는 새우 요리를 포크로 찍어 들고 그에게 갔다.

"이 친구, 오늘 우리가 마련한 파티가 마음에 드나? 벌써 이렇게 취하면 어떡해? 자자, 술만 마시지 말고 안주도 좀 먹어."

숀 역시 적잖게 술을 마신 듯 휘청대며 파브르에게 새우를 내밀었다. 그 순간 팔이 옆 사람과 부딪히면서 새우가 떨어져 파브르의 넥타이에 커다란 얼룩을 남겼다.

"아이고, 이 일을 어쩌나. 미안하네!"

숀이 당황해하며 말했지만 파브르는 개의치 않는다는 듯 손을 휘휘 저으며 화장실로 비틀비틀 걸어갔다. 술에 취했어도 평소의 깔끔한 성격은 어디 가지 않아서, 즉시 넥타이의 얼룩을 지우려 한 것이다. 그는 화장실 한쪽에 비치된 세정제를 듬뿍 덜어서 넥타이의 얼룩을 문질러 닦아냈다. 그런 뒤 다시 파티장으로 돌아와 사람들과 웃고 떠들기 시작했다. 잠시 후, 격렬한 두통이 그를 덮쳤고 파브르는 그대로 바닥에 쓰러져버렸다. 그의 손에 들려 있던 와인

잔도 땅바닥에 떨어져 산산조각 났다.

파티장은 순식간에 혼란에 휩싸였다. 몇몇이 다급히 구급차를 부른 덕에 파브르는 금방 병원으로 이송됐지만, 불행히도 가는 도중에 사망하고 말았다. 사인은 급성 알코올의존증이었다. 경찰은 즉각 수사에 나섰고 얼마 안 가 숀을 용의자로 긴급체포했다.

숀은 파브르를 어떻게 살해한 것일까?

018 미동 없는 시신

아마추어 탐정인 영길은 자신이 흥미를 느낀 사건만 수임하는 탓에 늘 생활이 궁핍했다. 그러다 얼마 전부터 고교 동창이자 절친인 류청의 집에 세 들어 살기 시작했는데, 성공한 자산가인 류청이 거의 거저로 장기간 방을 빌려주겠다고 했기 때문이다. 문제는 류청의 부인이었다. 남편의 결정이 못마땅했던 그녀는 대놓고 불만을 드러내며 영길을 천대했다. 얼마나 티가 났던지, 류청의 집에서 부리는 운전기사조차 그를 무시할 정도였다. 영길은 화가 나고 억울했지만 목구멍이 포도청이라고, 그저 묵묵히 참았다. 더욱이 장난처럼 말하기는 했지만 마땅한 거처를 찾을 때까지 쫓아내지 말라고 류청에게 부탁까지 해둔 터라 더더욱 견디는 수밖에 없었다.

어느 늦은 저녁, 류청은 운전기사에게 친구 집에 마작을 하러 간 부인을 데려오라고 시켰다. 그런데 마땅히 올 시간이 한참 지나도록 부인도, 운전기사도 돌아오지 않았다. 그가 기다리다 못해 친구 집에 전화를 걸자 뜻밖에도 부인은 이미 떠난 지 오래라는 대답이 돌아왔다. 걱정하는 류청에게 영길이 말했다.

"오다가 백화점이나 마트에 들렀나 보지."

"그럴 리 없네. 아내는 저녁에는 절대 백화점이나 마트에 가지 않거든."

"어쩌다 그럴 수도 있는 일이잖아. 급하게 사야 할 것이 생각났을 수도 있고."

두 사람이 이런저런 대화를 나누며 초조하게 기다리고 있는데,

갑자기 운전기사가 후다닥 달려 들어오며 소리쳤다.

"크, 큰일 났어요! 사모님이, 사모님이!"

"왜? 무슨 일이야? 아내는 어디 있나?"

"차, 차 안에요!"

류청은 용수철처럼 튀어 올라 밖으로 달려 나갔다. 영길도 곧장 그 뒤를 따랐다. 차는 대문 밖에 세워져 있었고, 뒷좌석에는 반듯이 앉아 있는 부인이 보였다. 순간 류청은 아내가 장난을 치고 있다고 생각했다. 그러나 차문을 연 순간, 충격에 굳어버렸다. 아내가 이미 죽어 있었기 때문이다. 혀가 입 밖으로 길게 나와 있는 것을 보아 누군가에게 목이 졸린 듯했다. 류청은 운전기사를 붙들고 미친 듯이 소리를 질렀고, 영길은 황급히 경찰을 불렀다.

"대체 어떻게 된 거야! 누가 저랬냐고! 너야? 네가 내 아내를 죽였어?"

운전기사는 벌벌 떨며 더듬더듬 털어놨다.

"돌아오는 길에 머리가 아프시다고, 늘 가던 약국에 들러 두통약을 사 가자고 하셨어요. 자기는 차 안에서 쉬고 있을 테니까 저더러 사 오라고… 약을 사서 돌아왔을 때까지만 해도 그저 주무시나 보다 했는데, 집에 도착해서 차문을 열어드릴 때 보니까 뭔가 이상한 거예요. 그래서 살짝 건드려보고, 코 밑에 손가락을 대봤는데 호흡이 없어서… 너무 놀라서 바로 집으로 뛰어 들어가 말씀드린 겁니다."

얼마 지나지 않아 경찰이 검시관을 대동하고 나타났다. 차 안을 조사한 경찰은 누군가가 부인의 가방을 뒤져서 지갑은 물론 돈 될 만한 물건을 모두 가져간 것을 확인하고, 일단 강도살인으로 가닥을 잡았다. 검시관은 시신을 검안한 후 류칭에게 질문했다.

"단골 약국에서 집까지 차로 얼마나 걸립니까?"

"대략 30분 정도 걸립니다."

검시관이 운전기사에게 또 물었다.

"약국 외에 또 들른 곳이 있습니까?"

"아니오, 없습니다."

"검시 결과, 피해자는 사망한 지 최소 90분이 지났습니다. 즉, 약국에 도착하기 전에 이미 사망했다는 겁니다."

"피해자가 사망하고 그렇게 오래 뒷자리에 있었는데, 아무런 이상도 발견하지 못했다는 게 말이 됩니까?"

경찰이 추궁하자 운전기사가 억울하다는 듯 외쳤다.

"몰랐습니다, 정말 몰랐어요! 평소처럼 뒷자리에서 줄곧 미동도 없이 앉아 계셨거든요."

그때 영길이 혼잣말처럼 중얼거렸다.

"허, 그것 참 희한하군!"

"무슨 말이야? 자네, 뭔가 발견한 겐가?"

류칭이 다급하게 물었다. 영길은 고개를 끄덕이며 확신에 찬 목소리로 말했다.

"웅, 살인범이 누군지 알았네."

"그런! 살인범은 누구인가?"

류청과 경찰 모두 영길을 바라봤다. 영길은 고개를 흔들며 한숨을 쉬고는 류청의 귓가에 대고 속삭였다. 그 말을 들은 류청은 분노로 부들부들 떨었다. 영길이 지목한 범인은 과연 누구일까?

019 날카로운 흉기의 정체

 어느 날 경찰서에 다급한 신고가 들어왔다. 현직 시장이 집무실에서 살해된 채 발견된 것이다. 초동수사 결과, 시장은 날카로운 흉기에 목이 베여 사망했으며 사망 시각은 대략 1시간 전이었다. 사건의 참혹함을 보여주듯 바닥에는 피가 웅덩이를 이루고 있었다. 검시관은 목 부분의 자상을 조사한 후 치명상이 된 상처가 매우 가늘며, 방어흔은 거의 없다고 밝혔다.

 시장의 책상 위에는 인종 분쟁 관련 법안 자료가 어지러이 널려 있었다. 수사관은 자료들을 훑어보며 비서에게 물었다.

 "오늘 시장님을 방문한 사람이 있습니까?"

 "많았습니다만 위험한 인물은 없었어요. 가장 마지막으로 시장실에 들어간 사람은 저인데, 그때 시장님이 책상에 엎드려 계신 것을 발견했습니다."

 비서는 잠깐 무언가 생각하다가 한마디 덧붙였다.

 "아, 직전에 우편배달부가 다녀갔고요."

 수사관은 다시 시장의 책상 앞으로 가서, 이번에는 시신이 아니라 물건을 유심히 살펴보았다. 그는 책상 위에 있던 두꺼운 양장본을 들어 이리저리 살피고, 몇 장을 넘겨보았다. 그러더니 확신에 차서 말했다.

 "범인은 바로 그 우편배달부입니다."

 "그럴 리가요… 시청에 드나드는 사람은 무조건 엄격한 몸수색을 받습니다. 흉기가 될 물건은 아무리 작은 것이라도 휴대하고 들어올 수 없는걸요."

비서가 도무지 이해할 수 없다는 듯 말했다. 그러나 수사관은 즉시 우편배달부를 수배했고, 결국 그의 확신대로 우편배달부가 범인으로 밝혀졌다. 대체 우편배달부는 시장을 어떻게 살해한 것일까?

020 폭탄이 설치된 자동차

한 회사를 운영하는 톰은 최근 심각한 경제난에 시달리면서 거액의 빚을 졌다. 그러던 어느 날 급한 용무를 처리하기 위해 차를 몰고 나갔다가 뜻밖의 위기를 맞았다. 운전한 지 얼마 되지 않아 문자 한 통을 받았는데, 지금 그가 탄 차에 폭탄이 설치되어 있다는 것이다. 차가 멈추면 폭발한다는 내용도 있었다. 명백한 협박문자를 받은 톰은 새하얗게 질렸다. 그는 계속 차를 몰면서 떨리는 손으로 오랜 친구이자 노련한 탐정인 하워드에게 전화를 걸었다. 하워드는 먼저 톰을 안심시키고 조목조목 물었다.

"그러니까 어떤 식으로 운전해야 한다는 조건은 없는 게 확실한가? 멈추지만 않으면 터지지 않는다는 말이지?"

톰은 두려움에 정신을 잃을 것 같았지만 하워드의 말 한 마디 한 마디에 신경을 집중하며 신중하게 대답했다.

"그렇다네."

"흠, 알겠네. 어찌 된 일인지 알겠어. 자네, 괜찮으니까 안심하고 차를 세우게. 단 시동이 꺼지지 않게 조심하고. 무엇보다 엔진이 계속 돌아가도록 해야 하네. 그 점만 주의하면 폭탄은 터지지 않을 걸세."

"정말인가? 생사가 걸린 일이야, 하워드!"

톰이 반신반의하자 하워드는 힘주어 말했다.

"물론이야, 내가 시키는 대로만 하면 아무 일 없을 테니 걱정 말게나."

톰은 심호흡을 하고 연달아 세 번 기도했다. 그런 뒤 길 한편에 차를 세우고 재빨리 내려 쏜살같이 달렸다. 차에서 충분히 멀어진 후에야 톰은 하워드의 말대로 차가 폭발하지 않은 것을 보고 가슴을 쓸어내렸다.

하워드는 차를 세워도 폭발하지 않을 것을 어떻게 알았을까?

021 타조 살해 사건

미국의 한 동물원이 아프리카에서 진귀한 동물을 대량으로 들여온 기념으로 파격적인 무료 관람 행사를 열었다. 그 덕분에 동물원은 매일 수많은 관람객으로 북적였다. 그러던 어느 이른 아침, 일찌감치 동물원 나들이에 나선 관람객 사이로 날카로운 비명이 울려 퍼졌다. 타조 우리 한쪽에 타조 두 마리가 처참하게 죽은 채 발견된 것이다. 두 마리 모두 배가 갈라져 있었다. 어찌나 참혹했던지, 보는 사람마다 그 잔인성에 치를 떨 정도였다.

경찰은 타조 우리 주변을 샅샅이 뒤졌고, 눈썰미 좋은 경관 하나가 수풀 속에서 쇠톱으로 잘린 난간 일부와 마취총 탄피 몇 개를 발견했다. 잠시 후, 명탐정 왓슨이 현장으로 달려왔다. 사건 경위를 파악한 그는 범인이 사전에 범행을 철저히 준비했다고 판단했다. 미리 준비한 쇠톱으로 우리 난간을 잘라 침입한 뒤, 마취총을 쏴 타조를 무력화시킨 상태에서 신속하게 범행을 저지르고 현장을 떠났다는 것이다. 쓸 만한 단서가 전혀 나오지 않았다는 점도 계획 범죄라는 점에 힘을 실어줬다. 경찰국장이 이해할 수 없다는 듯 물었다.

"범인은 어째서 이렇게 잔혹한 수법으로 타조를 죽였을까요? 단순히 죽이는 것이 목적이라면 굳이 마취총을 쏘고 배를 가르지는 않았을 텐데요."

"맞습니다. 진상에 상당히 근접하셨군요."

왓슨이 고개를 끄덕이며 말했다.

"하지만 여전히 이유는 모르겠습니다. 대체 어딜 가야 범인을 잡을 수 있는지도 말이죠."

경찰국장은 여전히 혼란스러운 표정이었다.

"범인은 아마도 동물을 운송한 회사의 관계자일 겁니다. 그리고 이 사건은 단순한 동물 살해가 아닌 밀수 사건입니다."

왓슨이 확신에 차서 말했다. 그는 왜 이런 결론을 내렸을까?

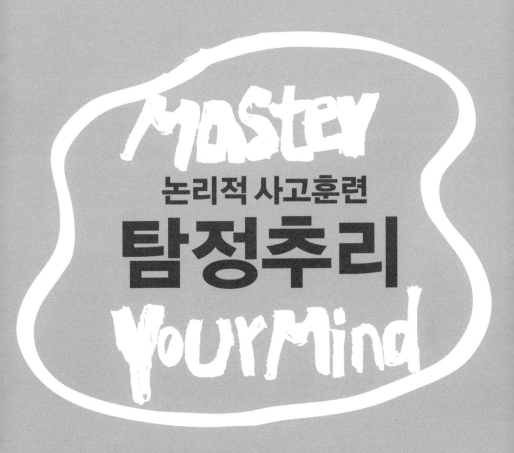

Master

논리적 사고훈련

탐정추리

Your Mind

part 2.
거짓을 말하는 범죄자

022 거짓말쟁이 뺑소니범

어느 봄날 오전, 베이커 거리에서 자동차가 길 가던 어린아이를 치어 중상을 입히고 그대로 도망친 뺑소니 교통사고가 벌어졌다. 신고를 받은 경찰은 현장을 통제하고 단서를 찾기 시작했다. 현장 주변을 샅샅이 훑은 결과, 매우 눈에 띄는 단서를 발견했다. 바로 엄청나게 큰 신발 자국이었다. 길이가 무려 36센티미터로, 보통 사람의 신발 사이즈보다 훨씬 컸다. 경찰은 여러 정황 증거와 신발 자국을 토대로 조사한 끝에 크럼이라는 사람을 용의자로 지목했다. 키가 2미터에 달하는 험상궂은 인상의 사내였다. 하지만 크럼은 자신은 오늘 오전에 운전한 적이 없다며 딱 잡아뗐다.

"오전에 게일이 차를 썼소이다. 난 오늘 종일 운전대도 잡지 않았소."

게일은 크럼의 부인으로, 키가 겨우 150센티미터 정도 되는 자그마한 체구의 금발 미녀였다. 게일 역시 자신이 오전에 차를 몰았다고 진술했다. 수사 총괄을 맡은 헤인즈 수사관이 말했다.

"발자국 말고 한 가지 증거가 더 있소. 목격자의 증언에 따르면 아이를 친 차는 소음이 굉장히 심했다더군요. 마치 머플러가 고장 난 것처럼 말이오."

크럼은 어깨를 으쓱하더니 조수석 차문을 열고, 헤인즈를 향해서 타라는 듯 턱짓을 했다. 헤인즈가 조수석에 앉자 크럼은 느긋하게 운전석에 올라타 곧장 시동을 걸었다. 그리고 시종일관 편안한 자세로 운전하며 동네를 크게 한 바퀴 돌았다. 차에서는 아무런 소음도 들리지 않았다. 머플러가 고장 나지 않았음을 보여준 것이다. 그러나 헤인즈는 이 잠깐의 드라이브를 통해 오히려 크럼을 뺑소니범으로 확신하고 엄중하게 말했다.

"거짓말은 더 이상 그만하시오! 머플러는 사고 후에 새것으로 교체했겠지. 그렇지 않소?"

헤인즈는 어째서 크럼이 뺑소니범이라고 확신했을까?

023 자물쇠 따기 시합

애덤과 앵거스는 업계에서 손꼽히는 자물쇠 따기 전문가다. 어느 날, 두 사람은 내기 시합을 벌였다. 기술 교류라는 명분을 내세웠지만 사실은 누가 더 실력이 뛰어난지 가리기 위한 자리였다.

마침 한파가 계속된 겨울이었기에 두 사람은 실내에서 시합을 하기로 했다. 공평한 시합을 위해 외부에서 중재인도 초청했다. 시합 당일, 애덤과 앵거스는 가위바위보를 해서 이긴 사람이 순서를 정하기로 했다. 그 결과 애덤이 이겼고 먼저 자물쇠 따기에 도전했다. 그는 정신을 집중해서 조심스럽게 자물쇠를 따기 시작했다. 곁에는 시간을 측정하기 위한 유기 유리로 만든 모래시계가 놓여 있었다. 애덤은 딱 15분 만에 복잡한 구조의 최고난도 자물쇠를 따는 데 성공했다.

다음은 앵거스의 차례였다. 그가 긴장으로 가볍게 몸을 떨자 중재인이 서둘러 방 한구석에 있던 전기난로를 앵거스 쪽으로 밀어주며 손을 녹이라고 눈짓했다. 앵거스는 중재인의 세심한 배려에 고마워하며 자물쇠를 딸 준비를 마쳤다. 사실 이전에도 애덤과 겨뤄보았고, 그를 상대로 3승 1패를 거둔 전적이 있기 때문에 이길 자신이 있었다. 앵거스는 침착하게 자물쇠를 따기 시작했다. 하지만 결과는 실망스러웠다. 애덤보다 무려 10초나 느린 15분 10초를 기록한 것이다.

앵거스는 도무지 납득할 수가 없었다. 최상의 컨디션에서 최대한으로 실력을 발휘했기에 더더욱 결과에 승복할 수가 없었다. 게

다가 체감상 15분 이상은 걸리지 않았다는 확신이 있었다. 의문을 품은 채 이것저것 살펴보던 그는 마침내 이상한 점을 발견했고, 문제를 제기해 재대결을 펼친 끝에 큰 차이로 애덤을 이겼다. 대체 무엇이 잘못되었던 것일까?

024 충견과 아내의 죽음

새벽 1시, 디트로이트 경찰청에 신고가 들어왔다. 본인을 라슨이라고 밝힌 남자는 아내가 살해당했다며 빨리 와달라고 간청했다. 찰리 경장은 제복경찰들을 이끌고 즉시 현장으로 달려갔다. 라슨의 집에 도착해 막 앞뜰을 가로지르려는데, 개 한 마리가 현관문까지 뛰어나와 매우 사납게 짖어댔다. 하지만 뒤따라 나온 라슨이 조용히 하라고 일갈하자 금방 짖기를 멈추고 얌전히 발아래 엎드렸다. 훈련이 매우 잘된 개로 보였다.

피해자인 라슨의 아내는 잠옷 차림으로 머리에서 피를 흘리며 주방 바닥에 쓰러져 있었다. 둔기에 맞아 사망한 것이 분명했다. 라슨은 침통한 얼굴로 말했다.

"저녁에 아내와 심하게 싸우고 화가 나서 집을 나갔었습니다. 2시간쯤 바람을 쐬며 머리를 식히고 들어왔는데, 아내가 저렇게… 대체, 대체 누가 이런 짓을 했는지…."

"집에 없어진 물건이 있나요?"

찰리가 의례적인 질문을 던졌다.

"서랍 안에 있던 현금과 아내의 다이아반지가 사라졌습니다."

"부인과 싸운 뒤 나갔다고 했는데, 혹시 개를 데려가셨나요?"

찰리의 질문에 라슨은 잠시 머뭇거리다 대답했다.

"아뇨, 혼자 나갔습니다."

현장 검증이 끝나갈 무렵, 어스름하게 날이 밝아왔다. 아침 7시가 되자 찰리는 이웃집을 돌며 탐문 수사를 시작했다. 사실 그는 이 탐문 수사에 상당한 기대를 걸고 있었다. 몇 시간 동안 현장 조사를 하면서 무언가 특이한 상황을 발견했기 때문이다. 아직 아무에게도 말하지 않았지만 이웃들에게 몇 가지 확인하고 나면 자신이 세운 가설을 확신할 수 있을 터였다. 그의 가설이 옳다면 탐문 수사를 빨리 하든 늦게 하든, 수사에는 아무런 영향이 없었다. 그랬기에 새벽에 곤히 자는 이웃들을 깨우지 않고 모두가 일어났을 시간에 탐문 수사를 시작한 것이다. 그동안 그는 진술을 기록하면서 은연중에 라슨의 일거수일투족을 관찰했다.

찰리의 방문을 받은 이웃 주민들은 라슨의 아내가 살해됐다는 소식에 큰 충격을 받고, 적극적으로 수사에 협조했다. 그 덕분에 찰리는 자신이 찾던 진술을 들을 수 있었다. 어젯밤 12시 이전에 라슨의 집에서 아무런 소리도 들리지 않았다는 진술이었다. 어제는 그 집의 개조차 조용했노라고 이웃들은 증언했다.

10분 후, 라슨의 집으로 돌아온 찰리는 그를 날카롭게 바라보며 물었다.

"라슨 씨, 어젯밤 아내와 싸운 후 밖으로 나가셨다고 했죠. 다시 한 번 묻겠습니다. 그때 개를 데리고 나가셨습니까?"

라슨은 찰리가 왜 같은 질문을 반복하는지 알 수 없어서 당황했지만 곧 대답했다.

"아니요."

그러자 찰리가 곧 조목조목 따지며 파고들었다.

"아내 분은 어제 당신이 집을 나간 사이에 살해됐습니다. 집에는 비교적 사나운 개가 있었고요. 낯선 사람을 향해 그렇게 열심히 짖는 것을 보니, 평소 집 지키는 데 아무런 문제가 없었겠군요. 어제 개를 데리고 나가지 않은 이유도 집을 지키게 하기 위해서였겠죠?"

"물론입니다. 해리는 집을 아주 잘 지키는 훌륭한 개입니다."

라슨이 대답했다.

"그렇군요. 질문은 끝났습니다. 범인을 찾았습니다. 바로 당신이죠!"

라슨은 펄쩍 뛰었다. 찰리는 어째서 라슨이 범인이라고 단정 지었을까?

025 변장술의 고수 잡기

아서는 변장술의 대가이자 현상 수배범이다. 경찰은 수많은 범죄를 저지른 아서를 오래전부터 대대적으로 쫓았으나 신기에 가까운 변장술에 속아 번번이 눈앞에서 그를 놓쳤다.

하지만 끈질기게 수사하고 추격해 경찰은 드디어 아서를 어느 산까지 몰아넣는 데 성공했다. 이제 산을 샅샅이 뒤져서 그를 잡는 일만 남았다. 경찰은 부슬비를 맞으며 밤새 산을 수색했다. 다음 날 아침, 부슬거리던 비가 그치고 청명한 하늘이 드러났다. 공기도 맑고 깨끗해서 산행하기 딱 좋은 날씨였지만 경찰 입장에서는 결코 반갑지 않았다. 등산객이 많아지면 또다시 아서를 놓칠 공산이 컸기 때문이다. 경찰은 수색 속도에 박차를 가했고, 마침내 산허리께 평지에서 수상한 남자를 발견했다. 남자는 경찰의 검문에 순순히 응했다. 제시한 신분증에도 아무 이상이 없었다. 자신을 건축설계사라고 소개한 남자는 3일 전부터 이곳에서 야영 중이라고 했다. 경찰이 어제 비가 왔는데도 캠핑을 했느냐고 묻자 하루 종일 텐트 안에 있었기 때문에 괜찮았다고 대답했다.

경찰은 남자에게 이런저런 질문을 던졌지만 딱히 이렇다 할 구멍이 보이지 않았다. 그렇다고 그의 말을 전부 믿고 무조건 놓아줄 수도 없었다. 만에 하나 그가 변장한 아서라면 최악의 범죄자를 또다시 바로 코앞에서 놔주는 꼴이 되기 때문이다. 그때, 한 경관이 남자의 말이 사실인지 아닌지 밝힐 기막힌 아이디어를 내놓았다. 그가 생각해낸 아이디어는 무엇이었을까?

026 가짜 부부는 누구

어느 여름, 샌프란시스코의 모든 대형 숙박업소에 경찰의 협조 공문이 전달됐다. 최근 부부로 위장한 혼성 절도단이 활개를 치고 있으니 주의하라는 내용이었다. 부부로 보이는 남녀가 입실을 시도할 때 신분증을 확인함은 물론 주의 깊게 살피고, 의심스럽다면 즉각 경찰에 신고해달라는 요청도 함께였다. 단, 허위 신고는 엄중한 처벌을 받는다고 했다.

A 모텔은 큰 규모에 시설도 깔끔해서 관광객이 많이 찾는 숙소다. 평소처럼 업무를 보던 로비 매니저는 프론트 앞에 부부 한 쌍이 나타나자 바짝 긴장했다. 그는 먼저 경찰 공문에서 요청한 대로 신분증을 확인하려 했으나 부부는 변명을 늘어놓았다. 여행 중에 예기치 못한 사고로 신분증을 잃어버렸다는 것이다. 부부는 내일 아침 일찍 퇴실할 예정이고, 숙박비를 두 배로 지불할 용의도 있으니 방을 꼭 내달라고 했다. 매니저는 그들을 의심스럽게 쳐다봤다. 남편은 크고 무거워 보이는 여행 가방을 들고 있고, 아내는 빈손이었다. 둘 다 지치고 땀에 전 행색이었으며, 똑같이 불안하고 배가 고파 보였다.

매니저가 이 부부를 유심히 관찰하고 있는데, 로비 문이 열리더니 이번에는 매우 다정해 보이는 부부가 들어왔다. 앞선 부부와 달리 이들은 신분증을 달라는 말에 거리낌 없이 신분증을 내놓았다. 그런데 막상 매니저가 방을 내주려 하자 이것저것 따지고 요구하기 시작했다. 매우 까다로운 손님이 분명했다. 쩔쩔매는 매니저에게 아내 쪽이 신경질적으로 말했다.

"서비스가 왜 이래요? 얼른 방 달라니까? 나 지금 엄청 큰 가방 들고 있는 거 안 보여요? 힘들어 죽겠네, 정말!"

그리고 보니 이 부부는 각자 커다란 가방을 들고 있었다. 하지만 들고 있는 폼을 보니 그다지 무거워 보이지는 않았다. 심지어 빈 가방 같기도 했다.

이 상황에서 매니저는 어떤 부부를 의심해야 할까? 두 쌍의 부부 중 더 의심스러운 것은 어느 쪽인가?

027 용의자의 말실수

어느 더운 여름날, 마틴 경장은 부하인 루키와 함께 한 고급 아파트에 들어섰다. 실리아라는 여자를 체포하기 위해서였다. 초인종을 누르자 실리아 본인이 문을 열었다. 그녀는 아주 예의바른 태도로 물었다.

"무슨 용건으로 오셨는지 여쭤봐도 괜찮을까요?"

"혹시 윌리엄 해리라는 사람을 아시나요?"

"윌리엄 해리라… 아뇨, 처음 듣는 이름이에요."

실리아는 미간을 살짝 찌푸렸다.

"방금 그 사람과 대화하고 왔는데, 그는 당신을 아주 잘 안다더군요."

"그럴 리가요. 저는 정말 모르는 사람인걸요. 아마 뭔가 착오가 있었겠죠."

실리아가 재차 부인했지만 마틴은 끈질기게 추궁했다.

"정말 모르시나요?"

"몰라요. 정말 모른다고요. 자, 이제 두 분 다 돌아가주세요."

이번에는 루키가 입을 열었다.

"윌리엄 해리는 은행에서 10만 달러를 갈취해 도망쳤습니다. 다행히 경찰이 재빨리 대처한 덕에 12시간 만에 체포했지요. 우리는 그와 아주 오랫동안 대화를 나눴고, 결국 윌리엄은 공범의 이름과 돈을 숨긴 금고 열쇠의 행방을 털어놓았습니다."

"그래요? 그거 잘됐네요. 그럼 그 공범을 잡으러 가야지, 왜 절

찾아오신 거죠? 다시 한 번 말하지만 나는 윌리엄 해리라는 사람을 몰라요. 은행 강도 사건에도 전혀 관심 없고요. 이제 그만 나가주세요."

실리아는 루키의 말을 딱 잘라 끊고는 현관문을 활짝 열며 손짓했다. 그때 루키가 다시 입을 열었다.

"거짓말은 그만하시죠. 윌리엄이 이미 다 불었단 말입니다. 분명히 당신에게 돈을 줬다고…."

"당장 나가요! 그렇지 않으면 두 사람 모두 고소할 거예요!"

실리아는 더 이상 루키의 말을 듣지 않고 날카롭게 소리쳤다. 얼굴에는 초조함이 역력했다.

"고소는 아마 그쪽이 당하게 될 겁니다, 실리아 양. 윌리엄이 언제 당신에게 돈을 줬죠? 돈은 어디에 숨겼습니까?"

"다시 한 번 말하죠. 난 윌리엄 해리라는 사람 몰라요. 금고 열쇠가 어느 방에 있는지도 모르고요! 그러니까 둘 다 어서 꺼져요."

실리아는 표독스럽게 내뱉었다. 마틴이 차분하게 입을 열었다.

"정말 모릅니까?"

"정말 몰라요."

"좋아요. 실리아 양, 당신을 은행 강도 공범으로 체포합니다."

마틴은 어째서 실리아를 공범으로 확신했을까?

028 술집 여주인의 죽음

술집 여주인 미영은 맑고 매끄러운 피부, 크고 둥그런 눈, 가녀린 몸매에 우아한 분위기까지 그야말로 모든 것을 갖춘 전형적인 미인이다. 그러나 미인박명이라는 옛말을 증명이라도 하듯, 미영은 자신의 집에서 살해된 채 발견됐다. 경찰 수사 결과 사망 원인은 기계적 질식, 즉 얇은 끈 같은 물건으로 목을 졸린 것이었으며, 사망 시각은 전날 밤 8시경으로 추정됐다. 시신이 발견되고 경찰이 도착한 시간이 금일 밤 8시이니, 24시간 전에 살해된 것이다. 맨 처음 피해자를 발견한 사람은 건물 관리인 왕씨였다.

"건물 관리 문제로 용건이 있어서 찾아갔습니다. 분명히 집에 있는 걸로 아는데, 아무리 문을 두드려도 대답이 없더군요. 그런데 보니까 문이 잠겨 있지 않은 겁니다. 그게 어쩐지 찜찜해서 들어가 봤습니다. 처음에는 미영 씨가 고개를 푹 수그리고 소파에 앉아 있기에 잠깐 잠이 든 줄 알았습니다. 깨우려고 몸을 살짝 흔들었는데 꿈쩍도 안 하더군요. 그제야 뭔가 잘못됐구나 싶어서 미영 씨 고개를 들어보니까 세상에, 죽었더라고요. 그래서 바로 경찰에 신고했습니다."

왕씨는 미영이 연인인 젊은 바텐더와 크게 싸우는 모습을 자주 봤다는 진술도 덧붙였다. 경찰은 즉시 바텐더를 소환했다. 날카로운 눈빛이 인상적인 청년이었다.

"어제 저녁 9시쯤 미영이 집에 왔었습니다. 벨을 눌러도 대답은 없고, 문이 잠겨 있지 않기에 그냥 들어갔죠. 그런데 죽어 있는 겁니다, 미영이가. 너무 놀라고 겁이 나서 황급히 집으로 돌아갔습니다. 사실 우리는 벌써 헤어졌습니다. 미영에게 새 남자가 생겼거든요. 화가 났냐고요? 물론 화났습니다. 복수하겠다고 소리 지른 적도 있지요. 하지만 저는 절대 미영에게 손대지 않았습니다. 절대로요. 제가 범인으로 의심받을까 봐 두려워서 경찰에 미리 알리지 못한 게 후회될 뿐입니다."

바텐더는 끝까지 결백을 주장했다. 경찰은 뒤이어 바텐더가 지목한 미영의 새 남자 친구 윤수를 소환했다. 윤수는 미영이 운영하던 술집의 단골이었다.

"저는 어젯밤 10시까지 사무실에서 야근을 하다가 곧장 집으로 돌아갔습니다. 집에 도착한 시간은 11시쯤이었고요. 증인이요? 안타깝지만 없습니다. 어제 10시까지 사무실에 남아 있던 사람은 저하나고, 또 혼자 살거든요."

윤수는 진술하는 내내 경찰서에 불려온 것 자체가 억울해 죽겠다는 표정이었다.

담당 수사관은 세 사람의 진술을 전부 들은 후, 모두 한자리에 모았다. 냉정한 눈으로 세 사람을 노려보던 수사관은 이윽고 엄중한 목소리로 말했다.

"당신들 중 한 사람은 거짓말을 했습니다. 그리고 거짓말한 사람이 범인이겠지요. 자, 이제 솔직하게 사실대로 자백해요!"

거짓말한 사람은 누구이며 무슨 거짓말을 했을까?

029 독신자 아파트 강도 사건

한 수집가가 사는 고급 독신자 아파트에 강도가 들었다. 워낙 대중적으로 유명한 수집가였기에 시장의 특별 지시 아래 경찰국장이 직접 사건을 담당하기로 했다. 경찰을 이끌고 도착한 경찰국장을 맞이하며 수집가가 말했다.

"국장님이 직접 오시다니 송구하네요. 현장은 그대로 보존해뒀습니다. 강도를 꼭 잡아주십시오."

수집가는 경찰들을 사건 현장인 2층 서재로 안내했다. 커다란 두 짝 여닫이 창문이 활짝 열려 있고 책상 위에는 반쯤 타다 남은 초가, 그 아래는 촛농이 두껍게 쌓여 있었다. 몸싸움이 있었다는 수집가의 말을 증명이라도 하듯 책상 주변에 수많은 서류가 어지러이 널려 있었고, 바닥에는 밧줄이 한 가닥 떨어져 있었다. 수집가가 침통한 목소리로 말했다.

"어젯밤, 저는 어렵게 수집한 대문호의 친필 원고를 검토 중이었습니다. 그러다 정전이 되는 바람에 초를 켰지요. 그런데 초에 막 불을 붙이는 순간, 바람 때문인지 창문이 벌컥 열렸습니다. 창문을 닫으려고 창가로 갔는데 갑자기 창 아래에서 복면을 쓴 사람이 불쑥 올라오더니 저를 밀치며 방으로 뛰어 들어왔습니다. 어찌나 힘이 세던지 전 바닥에 나동그라지고 말았죠. 어떻게든 저항하려고 했지만 도무지 방법이 없더군요. 강도는 밧줄로 제 손과 발을 묶고 입에 재갈을 물린 뒤 귀한 친필 원고를 훔쳐 창문을 통해 달아났습니다. 저는 가까스로 밧줄을 풀고 경찰에 연락했고요."

국장은 수집가의 진술을 다 듣고 신중한 눈빛으로 서재 안을 살폈다. 잠시 후, 그가 너털웃음을 터뜨리며 말했다.

"현장을 참 잘 꾸며놓았네요. 재주가 좋습니다. 하지만 아주 중요한 한 가지를 놓쳤어요. 다음에 또 사건을 조작하려면 좀 더 주의해야겠습니다!"

경찰국장은 수집가가 허위 신고를 했다는 사실을 어떻게 알았을까?

030 공갈협박의 맹점

구름 한 점 없는 맑은 날이었다. 산행하기 딱 좋은 날씨라 그런지 버스 터미널은 등산객으로 발 디딜 틈이 없었다. 여객버스 회사의 책임자 역시 출입 버스를 확인하고 승객을 상대하느라 눈코 뜰 새가 없었다. 한창 바쁘게 업무를 처리하고 있는데, 갑자기 젊은 여자가 왼쪽 팔뚝에서 피를 흘리며 사무실 문을 박차고 들어왔다. 복장을 보니 방금 산에서 내려온 듯했다. 그녀는 벌게진 얼굴로 한 직원을 붙들고 히스테릭하게 소리를 지르기 시작했다.

"당신들 일을 어떻게 하는 거야? 고객이 우스워? 대체 기사 교육을 어떻게 했기에 만원 버스를 문도 제대로 안 닫고 운행하는 거야? 내 꼴을 좀 봐, 보라고! 왜 이렇게 됐느냐고? 사람 꽉꽉 들어찬 당신네 버스 타고 산에서 내려오다가 문이 열리는 바람에 절벽 암석에 쓸려서 이렇게 됐다!"

여자에게 붙들린 직원은 어찌해야 할 바를 모르고 눈만 바쁘게 굴렸다. 경찰에 신고하자니 괜히 소란을 키워서 회사에 더 큰 누가 될까 봐 걱정이고, 그렇다고 자신이 처리하자니 도무지 대처 방법이 떠오르지 않았다. 결국 그는 책임자에게 이 일을 보고했고 상의한 끝에 경찰에 신고하지 않고 여자와 잘 이야기해서 문제를 해결하기로 했다. 두 사람은 일단 그녀에게 연거푸 머리 숙여 사과했다.

"정말 죄송합니다. 어찌 된 일인지 연유를 자세하게 말씀해주시면 저희 쪽 과실은 책임지고 보상하겠습니다."

기다리는 동안 흥분이 조금 가라앉았는지, 여자는 심호흡을 몇 번 한 뒤 한층 차분해진 투로 입을 열었다.

"산에서 내려오는 버스를 타려는데 벌써 사람이 가득 찼더라고요. 빈 좌석은커녕 통로에 서 있을 자리도 없기에 버스 문 앞 계단에 앉아서 문에 달린 손잡이를 잡고 있었어요. 그런데 저 앞 구부러진 길에서 갑자기 승용차 한 대가 튀어나오는 거예요. 버스기사도 놀랐는지 그 차를 피하려고 급하게 오른쪽으로 틀었는데, 아니 갑자기 버스 문이 덜컹 열리면서 길옆 절벽 암석에 내 팔이 이렇게 쓸려버렸다니까요! 팔만 다쳤기에 망정이지, 아예 버스 밖으로 굴러떨어졌으면 어쩔 뻔했어요?"

"그게 정말입니까?"

"그럼 내가 거짓말을 한다는 거예요?"

여자는 눈을 부라리며 또다시 흥분해서 소리쳤다.

"그때 기사한테 소리도 질렀다고요, 차 세우라고! 그 기사한테 물어봐요!"

"하지만 손님, 설 자리도 없이 꽉 찬 버스를 왜 굳이 타셨습니까? 다음 차편을 기다리셨다면 그렇게 붐비지는 않았을 텐데요."

"집에 빨리 가고 싶어서 그랬죠! 당연하잖아요! 나 피팅 모델이에요. 몸이 재산이란 말이에요! 이렇게 다쳤으니 한동안은 일도 못하고, 자칫하면 일도 영영 못하게 될지 몰라요. 당신들 때문에 엄청 손해를 봤다는 말이죠! 그러니까 치료비는 물론 정신적 손해배상까지 제대로 해야 할 거예요. 알아들었어요?"

'이것 참 곤란하게 됐군. 피해보상 금액이 어마어마할 텐데 어쩌지?'

직원은 난처한 심정으로 책임자를 바라봤다. 책임자 역시 정신이 없는 듯 허둥대고 있었다. 그때, 좀 떨어진 곳에서 모든 이야기를 듣고 있던 다른 직원 한 명이 불쑥 다가오더니 두 사람에게 말했다.

"제게 맡겨주세요. 그리고 배상금 걱정은 안 하셔도 됩니다."

"무슨 뜻입니까? 왜요?"

"아무튼 제게 맡기세요."

그 직원은 지극히 부드러운 어투로 자칭 모델이라는 젊은 여자에게 말했다.

"죄송합니다, 손님. 하지만 손님은 저희 버스를 타서 다치신 게 아닙니다. 사실을 말씀하세요. 그렇지 않으면 공갈협박 혐의로 경찰에 넘기겠습니다."

그런 뒤 그는 그녀의 말이 왜 거짓인지를 조목조목 짚었다. 여자는 직원의 말이 끝나자마자 울음을 터뜨리며 거짓말을 했다고 자백했다. 버스 회사를 상대로 피해보상 합의금을 뜯어내려고 그랬다는 것이다.

직원은 어떻게 그녀의 거짓말을 간파했을까?

031 실내 살인 사건

어느 날 밤 9시, 워싱턴의 모 중학교 문학 교사인 앨리스가 자신의 집에서 살해됐다. 현장에 도착한 베일리 경장은 눈앞에 펼쳐진 참혹한 광경에 저도 모르게 혀를 찼다. 앨리스는 가슴에 칼이 꽂힌 채 잠옷 차림으로 피 웅덩이에 누워 있었고, 얼굴에는 고통과 경악의 표정이 뚜렷이 떠올라 있었다.

앨리스는 학교에서 제공하는 독신자 아파트에 살았다. 비록 규모는 작았지만 바깥으로 향하는 하나뿐인 작은 창에는 쇠창살이 달려 있고, 대문 역시 최신형 고급 방범문으로 자동 도어록과 도어 외시경이 설치되어 있어 비교적 안전한 편이었다. 현관문과 창 모두 훼손되지 않았으며 실내도 다투거나 물건을 뒤진 흔적이 전혀 없었다.

조사와 탐문 수사를 통해 베일리 경장은 용의자 두 명을 찾아냈다. 한 명은 앨리스의 남자 친구인 폴이고 다른 한 명은 그녀가 가르치는 학생인 존이었다. 앨리스가 살해된 날 밤, 그녀의 집을 방문한 사람은 이들뿐이었기 때문이다. 그러나 두 사람 모두 벨을 눌러도 대답이 없었으며, 앨리스를 만나지 못한 채 돌아갔다고 주장했다. 심문이 끝난 후, 무언가 생각하던 베일리는 곧 둘 중 한 사람을 범인으로 지목했다. 과연 베일리가 범인으로 지목한 사람은 누구일까?

032 허술한 납치범

D그룹의 후계자인 월터가 납치를 당했다. 납치범은 몸값으로 무려 100만 달러를 요구했다. 경찰에 신고하면 아들은 죽은 목숨이라는 협박도 따라왔다. 월터의 아버지이자 D그룹 총수인 덜레스 회장은 지체 없이 100만 달러를 준비했다. 아무리 거액이라도 아들의 목숨보다 귀하지는 않았기 때문이다. 그런데 납치범들이 몸값을 건네받겠다고 한 방식이 조금 이상했다. 돈을 우편으로 보내라며 자세한 주소를 알려준 것이다. 덜레스는 순간 혼란에 빠졌다. 납치범이 멍청한 것인지, 아니면 고도의 흉계가 숨겨져 있는 것인지 알 수 없었다. 고민하던 그는 결국 FBI인 친구 본드에게 전화를 걸어 도움을 청했다. 전후 사정을 들은 본드가 덜레스에게 말했다.

"확실히 이상하군. 그동안 이런 사건을 수없이 다뤄봤지만 납치범이 주소를 알려준 건 처음이네. 솔직히 녀석들의 아이디어에 탄복했어. 걱정 말고 몸값을 우편으로 보내게. 내가 내일 놈들을 잡아오지."

다음 날, 본드는 약속한 대로 납치범들을 체포했다. 그런데 납치범이 알려준 주소지에서가 아니라 소포가 운송되는 도중에 잡았다. 이게 대체 어찌 된 일일까?

033 어느 여배우의 죽음

계절이 여름에서 가을로 바뀌는 시기였다. 가벼운 바람 끝에 시원한 기운이 감돌면서 만물이 기울고 시들 것에 대한 예감에 떨고 있는 이때, S시의 산 중턱 별장에서 끔찍한 살인 사건이 일어났다. 피해자는 인기 스타 옥연이었는데, 사망 당시 그녀는 임신 중이었다. 그 때문에 이 사건은 알려지자마자 각종 매체의 헤드라인을 차지하며 대중에게 큰 충격을 안겼다.

끔찍한 살해 현장의 유일한 생존자인 옥연의 개인 비서 소연은 사건에 대해 이렇게 진술했다.

사건 발생 당일 저녁 9시, 갑자기 별장의 전기가 모두 나가고 전화 역시 끊겼다. 소연은 상황을 파악하기 위해 바깥으로 나가 주변의 민가를 돌아봤다. 이상하게도 다른 집에는 모두 불이 들어와 있었다. 별장만 정전이 된 것이다. 그때 갑자기 별장에서 옥연의 날카로운 비명이 터져 나왔다. 깜짝 놀란 소연은 다급히 안으로 뛰어들어갔고, 그 순간 벽에 걸린 거울을 통해 범인이 창밖으로 도망치는 모습을 목격했다. 범인의 왼손에는 흉기로 보이는 칼이 들려 있었다.

"범인은 남자였습니까, 여자였습니까?"

경찰의 질문에 소연은 곤혹스러운 표정으로 고개를 저었다.

"실내가 너무 어두워서 제대로 보지 못했어요."

"평소 옥연 씨에게 원한을 가진 사람은 없었나요?"

"원한이요? 아뇨… 하지만 '네가 잘 사는지 두고 보겠어'라든지

'똑똑히 기억해둬'라는 식의 말을 한 사람은 있어요."

"그게 누굽니까?"

"모델 지현과 패션 디자이너 선영, 신인 배우 윤아예요."

"이 사람들이 옥연에게 왜 그런 말을 했죠?"

"세 사람 모두 옥연 씨를 라이벌로 생각했거든요. 다들 그녀가 연예계에서 은퇴하기만을 이를 갈며 기다렸죠."

"옥연 씨는 최근에 은퇴하겠다고 이미 발표하지 않았나요?"

"그건···."

"생각지 못하게 임신을 하는 바람에, 최근 개봉한 주연작 흥행에 영향을 줄까 봐 그랬겠지요. 아닙니까?"

소연은 말없이 고개를 끄덕였다.

"이 별장 주인은 배우인 윤식 씨더군요. 알고 계셨습니까?"

소연은 약간 망설이더니 이번에도 고개만 끄덕였다.

"여태껏 옥연 씨는 개인 비서를 둔 적 없다던데, 언제부터 개인 비서로 일하셨습니까?"

"3개월 전 임신 사실을 알았을 때부터요. 윤식 씨가 제게 옥연 씨의 개인 비서로 일해달라고 부탁했어요."

경찰은 소연의 진술 기록을 마무리하자마자 지현과 선영, 윤아를 소환해 심문했다.

"솔직히 말하면 옥연이 죽길 바랐어요. 하지만 임신해버렸잖아요? 임신 중인 여자를 뭐 어쩌겠어요? 설혹 내가 손을 대려고 마음

먹었더라도 최소한 애를 낳을 때까진 기다렸을 거예요. 게다가 얼마 전에 연예계를 은퇴하겠다고 공식 발표도 한 마당에, 내가 왜 옥연을 죽여요? 긁어 부스럼 만들기지.”

지현은 심문을 시작하기 전에 담배 한 대를 청하더니 거침없이 연기를 뿜어대며 이렇게 진술했다. 매우 직설적인 성격인 듯했다.

“그녀가 임신한 것을 알고 있었습니까?”

“업계 안에서는 이미 소문이 돌았어요. 그게 무슨 비밀이라고.”

경찰은 이어서 선영을 조사실로 불러들였다.

“예전에 옥연 씨의 의상을 디자인한 적이 있다고요?”

“그게 이 사건이랑 무슨 상관이에요?”

선영이 반문했다.

“상관있을지도 모르죠. 그러니 사실대로 대답하세요.”

“옥연이 입은 의상은 대부분 내가 디자인한 거예요. 그것도 윤식 씨가 나한테 직접 부탁하지 않았다면 절대 해주지 않았을 테지만요!”

“가장 최근에 의상을 맞춰준 것은 언제입니까?”

“2주 전쯤일 거예요. 임부복을 만들어줬죠. 임신하고도 그렇게 꾸미는 데 신경 쓰는 여자는 처음 봤어요.”

선영은 말할 때 주로 오른손을 이용해 각종 제스처를 취하고, 물잔도 오른손으로 들었다. 확실히 왼손잡이는 아니었다.

마지막 심문 대상은 신인 배우 윤아였다. 그녀는 사람을 죽이기는커녕 칼도 들어올리지 못할 만큼 연약해 보였다. 그녀 역시 오른손을 주로 썼다.

경찰은 세 사람 모두 철저히 조사했지만 혐의점도, 새로운 단서도 발견되지 않았다. 수사는 벽에 부딪혔다. 까딱 잘못하면 사건이 장기화될 수도 있었다. 그때, 경찰학교를 갓 졸업하고 현장에 들어온 새내기 경관이 한 가지 의문을 제기했다. 경찰은 그가 던진 질문이 타당하다고 판단하고, 곧바로 소연을 불러들였다. 소연은 경찰이 자신을 의심한다는 사실을 깨닫자 크게 당황했다.

"제가 죽였다고요? 말도 안 돼! 전 단지 개인 비서일 뿐이라고요. 옥연 씨와 원한은커녕 아무 관계도 아닌걸요!"

"조사해보니 당신은 윤식 씨의 조카더군요. 맞습니까?"

"맞아요… 삼촌은 생판 남이 옥연 씨를 돌보는 게 탐탁지 않다고 했어요. 나한테 맡기면 자기가 직접 돌보는 거나 다름없으니 안심할 수 있다고…."

"사실은 그게 가장 위험한 부분이었는데 말이죠."

"그, 그게 무슨 말이에요!"

소연이 깜짝 놀라 소리쳤다. 경찰이 계속 추궁하자 소연은 참지 못하고 울음을 터뜨리기도 했지만 끝까지 사실을 말하지 않았다. 그러나 경찰은 그녀의 진술에서 발견된 허점을 구체적으로 짚으며 심문을 계속했다. 결국 압박을 이기지 못한 소연은 마침내 옥연의 죽음에 자신이 관련되어 있다고 자백했다.

"하지만 제가 죽인 건 아니에요. 정말 아니에요."

"저희도 소연 씨가 죽이지 않았다는 건 압니다. 하지만 범인이 누구인지 알고 있지요?"

소연은 아무 말도 못 하고 고개를 푹 숙였다.

"말하지 않아도 좋습니다. 어차피 누가 범인인지 이미 알아냈으니까요."

그 말에 소연은 정신이 아득해졌다.

범인은 누구일까? 경찰이 소연의 진술에서 발견한 허점이란 또 무엇일까?

034 치명적인 전화 한 통

어느 날 오후, 런던 시내의 한 주택에서 폭발이 일어났다. 엄청난 굉음이 사방을 뒤흔들었고 주택은 곧 화염에 휩싸였다. 누군가 재빨리 신고를 한 덕에 소방차가 달려와 제때 진화를 시작했고, 다행히 불은 주변으로 옮겨붙기 전에 꺼졌다.

경찰 조사 결과 폭발의 원인은 가스 누출이었고, 사상자는 집주인인 자넷 한 사람이었다. 부검해보니 자넷의 체내에서 수면제가 검출됐다. 약을 먹고 깊이 잠이 드는 바람에 화마를 피하지 못하고 변을 당한 것이다. 실내에는 가스가 샌 흔적이 발견됐지만, 가장 중요한 발화 원인을 찾을 수가 없었다. 지인과 주변 사람들이 증언한 바에 따르면 자넷에게는 평소 자살 성향이 전혀 없었기 때문에 자살일 가능성도 낮았다. 누전에 따른 발화도 아니었다. 폭발이 있기 전에 일대가 전부 정전이 됐었기 때문이다.

경찰은 방화에 초점을 두고 용의자를 탐색했다. 곧 자넷의 조카인 해리가 용의선상에 올랐다. 자넷이 사망할 경우 해리가 그녀의 모든 예금과 주식을 물려받기로 되어 있었다. 하지만 자넷은 건강에 아무런 문제가 없고 나이보다 훨씬 정정했다. 따라서 기다리다 못한 해리가 좀 더 일찍 유산을 받기 위해 자넷을 살해했을지 모른다는 합리적 추론이 가능했다.

문제는 해리에게 확실한 알리바이가 있다는 점이었다. 사건 발생 당시, 해리는 현장에서 10여 킬로미터 떨어진 호텔에 있었다. 호텔 직원도 그 시간에 그를 보았다고 증언했다. 단 이상한 점이 있었다며 덧붙였다.

"호텔에 들어와서는 로비 소파에 죽치고 앉아 어딘가로 계속 전화를 걸더라고요."

비록 알리바이가 있었지만 경찰은 해리를 향한 의심을 거둘 수가 없었다. 그래서 전자 기술 전문가들을 찾아다니며 사건을 설명하고 협조를 구했다. 그러던 중 한 전문가가 말했다.

"그 해리라는 사람, 전화를 이용해서 범행을 저지른 게 분명합니다!"

사건의 진상은 무엇일까?

035 대담한 보석 도둑

루크 경장은 전보 한 통을 받았다. 전보에는 '포티 보석상, 다이아 목걸이, 도둑맞음, 친구로부터'라고 쓰여 있었다. 루크는 즉시 포티 보석상으로 달려갔다.

그가 도착했을 때 보석상에는 고급스런 옷차림의 소녀와 여자 점원이 있었다. 손님을 응대하는 중으로 보였다. 루크는 곧장 점원에게 가서 말했다.

"루크 경장입니다. 이 보석상에서 다이아 목걸이를 도난당했다는 소식을 받고 왔습니다. 맞습니까?"

"맞아요. 안 그래도 몇 분 전에 사장님이 저를 불러서 우리 가게에서 가장 비싼 목걸이 중 하나가 없어졌다고 하셨어요. 도둑맞은 줄도 몰랐는데 정말 신출귀몰한 도둑 아닌가요? 대담하기도 하고요."

점원은 혀를 차며 말했다.

"왜 도둑이 대담하다고 보시나요?"

"아마 경장님에게 전보를 보낸 사람이 범인일 거예요. 한마디로 수사에 혼선을 주려는 거죠. 그러니 대담하다고 할 수밖에요! 사실 최근 몇 년 동안 이런 적반하장 격의 일을 꽤 봤거든요."

루크는 눈을 날카롭게 빛내며 말했다.

"맞는 말씀입니다. 정말 적반하장에, 대담한 도둑이군요. 그런데 제가 볼 때는 그 도둑이 바로 당신 같습니다만?"

루크는 어째서 이렇게 말했을까?

036 무지개 뜬 날의 강도 사건

　강 형사와 조 형사는 사복 근무 중이었다. 점심때가 되어 한 중화요리집에서 자장면을 먹고 있는데 여우비가 쏟아졌다. 다행히 비는 오래 내리지 않고 그쳤다.

　"어이고, 무지개 떴네!"

　조 형사가 창밖을 내다보며 말했다. 강 형사 역시 오랜만에 보는 무지개를 넋 놓고 감상했다. 바로 그때, 바깥에서 날카로운 비명 소리가 들렸다.

　"도둑이야! 도둑 좀 잡아줘요!"

　두 사람은 반사적으로 벌떡 일어나 바깥으로 뛰어나갔다. 길가는 무지개를 구경하는 사람들로 혼잡했고, 어디에도 절도범처럼 보이는 사람은 없었다. 아마 벌써 달아난 모양이었다. 두 사람은 일단 도둑이 들었다는 보석상으로 향했다. 보석상 주인에게 범인의 생김새, 신장, 연령, 복장 같은 특징을 묻기 위해서였다. 주인은 범인이 마스크를 쓴 탓에 정확한 생김새나 나이는 알 수 없지만 야구 모자를 쓰고 검은색 재킷을 입었다고 대답했다. 또한 도주 속도가 매우 빠른 것을 보아 비교적 젊다는 추측이 가능했다. 두 형사는 근처 경찰서에 무전을 쳐서 이 같은 정보를 공유하고 즉시 수색에 나서달라고 요청했다.

　한 시간쯤 지났을 때 수상한 사람을 세 명 붙잡았다는 연락이 왔다. 강 형사와 조 형사는 즉시 경찰서로 복귀해 이들을 심문했다.

　첫 번째 용의자는 임모 군이었다.

"그때 전 공원 근처 패스트푸드점에서 점심을 먹었습니다. 다 먹었을 때쯤 갑자기 비가 내리더군요. 우산도 없고 해서 무작정 비가 그치기를 기다리다가 회사에 복귀할 시간에 늦어버렸습니다. 그래서 급히 돌아가는 길에 무심코 하늘을 봤는데 무지개가 크게 떠 있더군요. 그래서 잠시 멈춰서 무지개를 구경하다가 이렇게 붙들려 온 겁니다. 정말 재수도 없지요. 회사 들어가면 사장님한테 또 한바탕 깨질 거예요!"

두 번째 용의자인 전모 군의 진술은 이러했다.

"그때 전 수업이 끝나고 막 교실을 나오던 참이었습니다. 비가 오나 싶었는데 하늘을 보니 무지개가 떠 있더군요. 태양도 함께 떠 있어서 그런가, 눈이 부셔 제대로 쳐다보지도 못했지만요."

세 번째 용의자인 황모 군은 이렇게 말했다.

"그때 전 서점에서 다른 손님과 이야기 중이었습니다. 비가 오니 나갈 수도 없고, 비 그치기를 멍하게 기다리고만 있자니 지루해서요."

"그 손님이 알리바이를 증명해줄 수 있을까요?"

"그 손님이요? 아뇨, 오늘 서점에서 처음 본 사람인걸요. 이름도 연락처도 모르는데 어떻게 찾겠습니까?"

"결국 알리바이가 없다는 거네요."

"아, 난 정말 아무 짓도 안 했다니까요!"

"그럼 혹시 그때 무지개를 보셨습니까?"

"무지개요? 무슨 무지개요?"

"좋습니다. 일단 돌아가세요. 하지만 사건이 해결될 때까지는 이 지역을 벗어나지 않는 편이 좋을 겁니다."

심문을 마친 후 진술서를 검토하면서 조 형사가 말했다.

"이 세 사람 중에 범인이 있을까?"

강 형사는 자신 있게 고개를 끄덕였다.

"물론. 게다가 난 이미 누가 범인인지 알지!"

"뭐? 누군데? 어떻게 알았어?"

강 형사는 호쾌하게 웃더니 대답 대신 조 형사에게 진술서를 다시 한 번 잘 읽어보라는 말을 남긴 채 가버렸다.

대체 범인은 누구일까? 그의 진술에는 어떤 허점이 있는가?

037 해변의 용의자

　뜨거운 여름 수많은 사람이 즐겨 찾는 어느 해변, 인기를 입증이라도 하듯 해변을 따라 길게 조성된 별장촌은 빈방을 찾을 수 없을 정도로 성업 중이었다. 피서객들은 푸른 바다와 하얀 모래사장을 마음껏 누리며 즐거운 한때를 보냈다.

　그런데 최근 들어 피서객 사이에 불안한 기운이 감돌았다. 신출귀몰한 도둑이 별장과 호텔 등지를 휩쓸고 다니며 귀중품을 훔쳐갔기 때문이다. 반 달 사이에 피해를 본 별장만 열 손가락을 넘길 정도였다.

　목격자와 피해자를 중심으로 조사를 벌인 끝에 용의자의 몽타주를 작성한 경찰은 이를 별장과 호텔을 비롯한 모든 숙박업소에 배포하고 거리에도 붙여서 피서객의 주의를 당부했다. 또한 수상한 사람이 보이면 바로 신고해달라며 시민의 협조를 요청했다. 몽타주가 효과를 발휘했는지 얼마 안 가 한 호텔 종업원에게서 제보가 들어왔다. 새로 숙박한 손님이 몽타주 속 용의자와 매우 닮았다는 것이다.

　경찰은 즉각 해당 호텔로 출동했다. 제보자가 알려준 객실로 가서 벨을 누르자 과연 용의자와 흡사한 외모의 남자가 문을 열고 나왔다. 보면 볼수록 몽타주와 닮았지만 단 한 가지, 머리 모양이 달랐다. 용의자는 7:3 가르마를 탄 반면 남자는 올백이었다.

　경찰은 남자에게 서까지 동행해달라고 했지만 그는 완강하게 거부하면서 자신의 결백을 주장했다. 그는 머무르는 호텔을 바꿨을 뿐, 이 해변에 놀러 와 머무른 지 이미 한 달이 넘었다며 해변 이곳저곳에서 찍은 사진을 증거로 내놓았다. 사진 속 남자는 모두 머리카락을 깔끔하게 넘긴 모습이었다. 경찰은 여전히 의심스러웠지만 그의 태도가 워낙 강경해서 쉽게 결정을 내리지 못했다. 그때, 호텔 종업원이 경찰에게 남자를 미용실에 데려가면 어떻겠느냐고 제안했다. 그곳에서 한 가지만 확인하면 남자가 절도범인지 아닌지 금방 알 수 있다는 것이다.

종업원이 확인해보자고 한 것은 무엇이었을까?

수박 모종 훼손 사건

왕씨는 솜씨 좋은 수박 농사꾼이다. 그가 기르는 수박은 크고 달아서 10리 밖 이웃 마을까지 소문이 자자할 정도였다. 하루는 왕씨가 수박 두 광주리를 짊어지고 5일장에 장사를 나갔다. 마침 부근의 다른 수박 농사꾼들도 수박을 팔러 나와 있었다.

"수박이요, 수박! 이가 아플 정도로 달콤한 수박이 왔습니다!"

농사꾼들은 저마다 목청을 돋우며 수박을 팔았다. 하지만 사람들은 거들떠도 보지 않고 모두 왕씨의 좌판으로 향했다. 왕씨의 수박은 어떤 것을 골라 쪼개도 붉고 탐스런 속을 드러냈으며, 달기도 엄청 달았다. 게다가 가격도 합리적이었다. 얼마 지나지 않아 왕씨의 수박은 모두 팔렸지만, 그때까지도 다른 농부들의 수박은 전부 그대로였다.

왕씨가 자리를 정리하고 떠나려는데 뒤에서 다른 수박 농사꾼들이 그를 불러 세웠다. 그중 맨 앞에 선 검은 얼굴의 사내가 눈을 부라리며 왕씨에게 으르렁댔다.

"어이, 앞으로는 여기서 수박 장사 하지 마쇼. 또 한 번만 눈에 띄었다가는 가만두지 않을 테니!"

검은 얼굴 사내를 위시한 수박 농사꾼들 얼굴에 질투심이 이글거렸다. 왕씨는 어이가 없었다. 장사가 되지 않으면 자기가 수박을 잘못 기른 탓을 해야지, 어째서 애먼 남을 탓한단 말인가? 게다가 시장이 개인 소유도 아니고, 무슨 근거로 자신더러 장사를 하라마라 하는가? 왕씨는 발끈해서 검은 얼굴 사내에게 말했다.

"싫소이다. 난 내일도 수박 팔러 나올 거요!"

"끝까지 그렇게 나오겠다는 말이지? 좋아, 두고 보라고!"

검은 얼굴 사내가 얼굴을 험상궂게 구기며 협박조로 말하고는 자리를 떴다. 왕씨는 불의한 일을 보면 더욱 고집이 생기는 성격이었다. 더구나 자신은 정정당당하니 더더욱 주눅 들 이유가 없었다. 왕씨는 콧방귀를 뀌며 혼잣말을 했다.

"흥, 자기네들이 뭘 어쩌겠어?"

그러나 다음 날 아침, 수박밭에 나간 왕씨는 망연자실하고 말았다. 누군가 수박 모종 줄기를 죄다 잘라놓은 것이다. 그 참혹한 광경에 자식처럼 수박을 기르고 돌봐온 왕씨는 그만 바닥에 주저앉아 엉엉 울음을 터뜨렸다. 한바탕 울고 난 뒤, 그는 정신을 차리고 어제 자신을 협박했던 검은 얼굴 사내를 떠올렸다. 그자의 짓이 분명했다. 왕씨는 당장 경찰에 신고할 생각으로 벌떡 일어났지만 금세 도로 주저앉았다. 심증만 있을 뿐 물증이 없었기 때문이다. 물증 없이 신고할 수는 없는 노릇이었다. 결국 그는 고민 끝에 마을에서 소소한 탐정 일을 도맡아 하는 J를 찾아갔다.

사정을 들은 J는 일단 밭에 가보자며 왕씨를 따라나섰다. 수박밭에 도착한 후에는 이리저리 돌아다니며 엉망이 된 모종이며 흙바닥 등을 꼼꼼히 살펴보았다. 잘려나간 줄기 단면은 모두 똑발랐고, 그 아래 땅에는 일정한 깊이로 푹 팬 자국이 남아 있었다. 잠시 후 J는 마을 이장을 찾아가 이 부근에서 수박 농사를 짓는 농사꾼들에게 자신이 쓰는 각삽을 가지고 모이게 해달라고 청했다.

곧 주변의 수박밭 주인 10여 명이 각삽을 들고 한자리에 모였다. J는 그들에게 삽을 내려놓고, 각자 자기 삽 뒤에 서게 했다. 물론 그중에는 문제의 검은 얼굴 사내도 끼어 있었다. J는 탐정 특유의 감을 발휘해서 삽을 조사했고, 마침내 검은 얼굴 사내를 범인으로 지목했다. J가 제시하는 물증 앞에 검은 얼굴 사내는 어쩔 수 없이 자신의 죄를 자백했다. 왕씨가 질투 나서 한밤중에 몰래 그의 수박 모종 줄기를 삽으로 죄다 끊어놨다는 것이다.

대체 J는 범인을 어떻게 밝혀낸 것일까?

039 준비된 용의자

월스트리트에서 강도 사건이 벌어졌다. 경찰은 현장에 남겨진 흔적과 CCTV 녹화 영상에 근거해 범인을 쫓은 끝에 5일 만에 유력한 용의자 세 명을 추렸고, 그중 가장 혐의점이 짙은 용의자를 먼저 소환해 취조했다.

그러나 취조는 경찰의 예상과 전혀 다른 방향으로 흘러갔다. 이 용의자는 여타 용의자처럼 묵비권을 행사하지도, 미친 듯 날뛰며 자신의 결백을 주장하지도 않았다. 대신 매우 침착하고 차분한 태도로 사건이 일어났을 당시 자신이 어디에 있었는지, 누구와 무엇을 하고 어떤 대화를 나누었는지를 상세하고 정확하게 진술했다. 그는 사건과 아무런 관계가 없어 보였다. 심지어 경찰 측이 원한다면 자신의 알리바이를 증명해줄 증인들을 얼마든지 심문해도 좋다며 일일이 연락처를 알려주기까지 했다.

수사관들은 혼란에 빠졌다. 정황상 가장 혐의가 짙은 용의자였는데, 이쯤 되면 자신들이 잘못 짚은 게 아닌가 싶을 정도였다. 그러나 베테랑 형사반장은 웃으며 단언했다.

"저러니까 오히려 저 사람이 범인이라는 확신이 드는걸."

형사반장은 어째서 이렇게 말했을까?

040 살인 개 사건

　헌터와 루카스는 시카고에서 유명한 도박사다. 두 사람은 우연히 애틀랜타의 한 카지노에서 서로를 상대로 도박판을 벌였는데, 루카스가 크게 패하고 말았다. 워낙 판돈이 컸던 터라 루카스는 빈털터리가 되었고, 헌터는 거액의 돈과 함께 희희낙락하며 시카고로 돌아왔다. 그는 돌아오자마자 몇 달 느긋하게 쉴 요량으로 자기 소유의 해변 별장으로 갔다.

　헌터가 별장에 도착한 다음 날, 이웃 별장에 사는 나탈리가 그를 찾아왔다. 나탈리는 갑자기 별장을 며칠 비우게 됐다며, 자신의 개 코라를 잠깐 돌봐줄 수 있겠느냐고 물었다. 코라는 매우 똑똑해 보이는 셰퍼드였다. 평소 총명하고 충성심 강한 셰퍼드를 좋아했던 헌터는 흔쾌히 나탈리의 청을 받아들였다.

　그러나 그로부터 하루 뒤, 헌터는 거실에서 처참하게 살해된 채 피고용인에게 발견됐다. 옷이 갈기갈기 찢기고 목과 복부에는 날카로운 이빨 자국이 선명했다. 쓰러진 헌터 옆에는 전화기가 떨어져 있었다. 누가 봐도 개에 물려 사망한 것이 분명했다. 경찰은 곧바로 나탈리를 용의자로 체포했지만, 그녀는 억울함을 호소하며 놀라운 사실을 털어놨다. 그 개의 주인은 그녀가 아니라 루카스라는 남자이며, 자신은 그에게 2만 달러를 받고 개를 헌터에게 맡겼을 뿐이라는 것이다.

　경찰은 즉시 루카스를 소환했다. 루카스는 자신이 개의 주인임은 인정했지만, 사건 당시 현장에서 1천 킬로미터 이상 떨어진 애틀랜타에 있었다며 무죄를 주장했다. 따라서 자신은 아무 상관이 없고, 이 사건은 단지 안타까운 사고일 뿐이라며 목소리를 높였다. 그러나 끈질기게 수사한 끝에 경찰은 이번 사건이 루카스의 짓임을 밝혀내고 그를 살인죄로 체포했다.

루카스는 대체 어떻게 헌터를 살해한 것일까?

041 진짜 신부 찾기

덴마크인 사업가 루이는 업무차 미국에 왔다가 불의의 자동차 사고로 세상을 뜨고 말았다. 더욱이 그는 얼마 전에 결혼한 새 신랑이었기에 안타까움을 더했다. 미국에 사는 루이의 친구 J는 즉시 그의 아내에게 전보를 보내 사고 소식을 전하면서 빠른 시일 내에 미국에 와달라고 부탁했다. 얼마 후, 비운의 새 신부가 미국에 도착했다. 그런데 그녀를 마중 나간 J는 그만 아연하고 말았다. 약속 장소에 두 명의 여자가 나타나 서로 자신이 루이의 아내라고 주장했기 때문이다.

J는 새 신부를 한 번도 본 적이 없었다. 그가 가진 정보라고는 그녀가 피아노 선생님이라는 것뿐이었다. 결국 J는 탐정 찰리에게 도움을 청했다. 찰리는 조사를 통해 루이가 젊은 나이에 사업으로 큰 재산을 일궜고, 그가 사망할 경우 모든 재산을 새 신부가 물려받게 된다는 사실을 알았다. 두 명의 신부 중 한 명은 루이의 유산을 노리고 나타난 사기꾼이 분명했다.

찰리는 눈앞의 두 여성을 찬찬히 살펴보았다. 한 명은 금발에 피부가 하얀 편이고, 다른 한 명은 적갈색 머리칼에 피부가 비교적 어두웠다. 외모만 봐서는 누가 루이의 아내인지 알 도리가 없었다. 무언가 곰곰이 생각하던 찰리가 두 여성에게 말했다.

"두 분 모두 피아노를 연주해주실 수 있겠습니까?"

그의 제안에 당황해하는 여성은 없었다. 누가 가짜인지는 몰라도 분명히 사전에 철저히 조사하고 준비해온 것이 분명했다. 먼저 연주한 쪽은 적갈색 머리였다. 그녀는 현란한 손놀림으로 세계적으로 유명한 명곡을 연주했다. 음악에 문외한인 찰리가 듣기에도 수준급의 실력이었다. 그는 피아노를 치는 적갈색 머리 여성의 왼손에 보석반지 하나와 작은 다이아가 박힌 결혼반지가 끼워져 있는 것을 발견했다. 곧이어 금발의 여성도 아름다운 곡을 연주했다. 역시 훌륭하고 아름다운 연주 솜씨였다. 금발의 여성은 오른손에 다이아반지 하나만을 끼고 있었다.

연주가 모두 끝난 후, 찰리가 적갈색 머리 여성에게 다가갔다.

"가짜 신부 흉내는 그만두고 이제 돌아가시죠."

적갈색 머리 여성은 발끈하며 새된 소리를 질렀다.

"왜 내가 가짜라는 거죠? 내가 저 여자보다 연주를 못하기라도 했다는 건가요?"

그러나 찰리가 차분하게 이유를 설명하자 적갈색 머리 여성은 아무 말도 못 한 채 침울한 표정으로 자리를 떴다.

찰리가 그녀를 가짜라고 한 이유는 무엇일까?

042 범인이 놓친 흔적

　사사키는 거액의 빚을 진 뒤 야반도주했다. 겨우 아무도 모르는 곳에 자리를 잡았다고 생각했는데 어느 날, 채권자인 나카무라가 어떻게 그의 소재를 알았는지 집까지 찾아왔다.

　나카무라가 사사키의 초인종을 누른 시간은 밤 10시 경, 무심코 문을 연 사사키는 나카무라를 보고 소스라치게 놀랐다. 나카무라는 풍선껌을 질겅질겅 씹으며 험악한 말투로 사사키에게 빚을 갚으라고 으르렁댔다. 사사키는 가까스로 마음을 진정시키고 일단 나카무라를 집 안으로 들였다. 그는 시간을 조금만 더 달라고 읍소하면서 냉장고에서 맥주를 꺼내 잔에 따라 나카무라에게 내밀었다. 그리고 그가 맥주를 마시느라 잠시 주의가 소홀해진 틈을 타 빈 맥주병으로 나카무라의 머리를 강타했다. 나카무라는 억 소리도 내지 못하고 그 자리에 쓰러져 죽고 말았다.

　사사키는 차고의 자동차 트렁크에 나카무라의 시신을 실었다. 그런 뒤 멀리 떨어진 S시의 공원으로 가 연못에 시체를 유기했다. 새벽 2시쯤 집에 돌아온 그는 집안 곳곳을 깨끗이 닦아냈다. 의자, 테이블, 맥주잔, 대문 손잡이부터 초인종에 이르기까지 나카무라가 손댔을 법한 곳은 몇 번이고 반복해서 닦았다. 이로써 그의 집에 나카무라가 찾아왔던 흔적을 모두 지웠다고 생각한 사사키는 수면제 몇 알을 삼키고 겨우 잠이 들었다.

　잠에서 깨어났을 때는 이미 다음 날 저녁이 가까운 시각이었다. 겨우 정신을 차리고 앉았는데 초인종이 울렸다. 나가 보니 형사 두 명이 밖에 서 있었다.

"어젯밤 나카무라라는 사람이 당신을 찾아왔었죠? 나카무라의 시체가 오늘 아침 S시 공원의 연못에서 발견됐습니다. 그의 주머니에서는 이곳 주소가 적힌 성냥갑이 발견됐고요."

"아니요, 어젯밤에는 아무도 오지 않았습니다. 나카무라 씨와 만난 지도 오래됐는데요."

사사키는 애써 침착하게 대답했다. 그러나 형사들은 묘한 미소를 지으며 말했다.

"그것 참 이상하군요. 사실 저희가 오늘 오전에 이미 한 번 왔다 갔거든요. 아무리 벨을 눌러도 답이 없기에, 댁에 안 계신다고 생각하고 돌아갔지요. 그런데 그때 우연히 대문 앞에서 흥미로운 것을 발견했습니다. 검사해보니 피해자가 떨어뜨린 것으로 밝혀졌고요."

형사는 주머니에서 작은 유리병을 꺼내 사사키의 눈앞에 들어보였다. 유리병 안에 들어 있는 것을 본 순간, 사사키는 모든 것을 포기하고 자신의 범행을 자백했다.

유리병 안에는 대체 무엇이 들어 있었을까?

043 강가의 시체

비바람이 부는 어느 밤, 한 남자가 다급한 목소리로 경찰서에 신고 전화를 걸어왔다.

"경찰서죠? 크, 큰일 났어요! 여긴 C강 강변인데요. 시, 시체가 있어요!"

왓슨 경장은 경관 두 명을 대동하고 사이렌을 울리며 현장으로 달려갔다.

헤드라이트 불빛 아래 저 멀리 한 사람이 강가에 서 있는 모습이 보였다. 왓슨 경장과 경관들은 차에서 내려 손전등을 들고 가까이 다가갔다. 신고자로 보이는 남자는 온몸이 젖은 채 바들바들 떨고 있었다. 왓슨은 먼저 마른 수건을 건네고 그가 진정할 때까지 기다리기로 했다. 잠시 후, 남자가 좀 진정이 됐는지 한층 차분해진 목소리로 진술을 시작했다.

"강가를 지나다 비가 와서 길이 미끄러운 바람에 발을 헛디뎌서 그만 강에 빠졌습니다. 다행히 수영을 할 줄 알아서 금방 나왔죠. 겨우 강둑으로 올라서려는데 뭔가 발에 걸려서 자세히 보니, 세상에 남자 시체더라고요."

"날이 이렇게 어두운데 남자 시체인 건 어떻게 아셨습니까?"

"주머니에 성냥이 있었거든요. 불을 켜니까 목에 난 칼자국까지 보이더군요. 온몸이 다 피투성이고… 너무 놀라서 도망가려다가 겨우 참고 경찰에 신고한 겁니다."

다른 경관이 무언가 더 물으려는데, 왓슨 경장이 그를 제지하며 확신에 찬 목소리로 말했다.

"더 물을 것 없네. 이자가 범인이야! 당장 체포하게!"

왓슨이 신고자를 범인으로 단정한 까닭은 무엇일까?

044 구급 대원의 정체

이른 저녁, 디트로이트의 어느 한산한 거리에서 한 남자가 자신의 어머니를 모시고 길을 건너고 있었다. 그런데 길 중간쯤 이르러 남자의 어머니가 가슴을 움켜쥐고 쓰러졌다. 평소 심장이 좋지 않았는데, 갑자기 발작이 온 것이다. 남자는 다급히 손을 흔들어 차를 세우는 한편 행인들에게 도와달라고 소리쳤다. 마침 저편에서 구급차가 달려왔다. 남자는 위험을 무릅쓰고 구급차를 세운 뒤 어머니를 병원으로 이송해달라고 애원했다. 그러나 구급차 운전자는 급하게 데려가야 할 환자가 있다며 남자의 청을 거절했다. 결국 남자와 구급차 운전자는 도로 한복판에서 말싸움을 벌였고, 일대 교통이 전부 마비됐다.

그때 경찰차 한 대가 다가왔다. 도시 반대편의 은행에 강도가 들었다는 제보를 듣고 현장으로 출동하던 중 엉망이 된 교통 상황을 보고 다가온 것이었다. 경찰의 중재 아래 구급차 운전자는 어쩔 수 없이 남자의 어머니를 먼저 병원으로 호송하기로 했다. 구급차 뒤에서 구급 대원 두 명이 내려서 남자의 어머니를 들것에 싣고는 다리 쪽을 먼저 올려서 구급차에 태웠다. 그들이 막 떠나려는데, 갑자기 경찰이 구급 대원 두 명과 운전자를 긴급체포했다. 그런 뒤 구급차 뒤쪽을 조사하자 지폐 뭉치가 쏟아져 나왔다. 이 세 사람이 바로 그 은행 강도였던 것이다.

경찰은 대체 구급 대원들의 정체를 어떻게 알았을까?

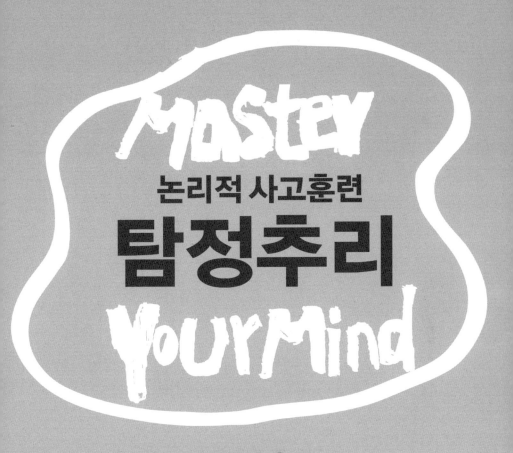

논리적 사고훈련
탐정추리

part 3.
누명을 쓴 사람들

045 억울한 희생양

　정훈이 차를 몰고 시 외곽 도로를 천천히 달리고 있는데, 저만치 앞에서 날씬한 몸매에 공들여 단장한 여자가 차를 세워달라고 손짓했다. 무슨 일인가 싶어 차를 세우자 여자가 난처한 듯 웃으며 말했다.

　"죄송한데 차 좀 얻어 탈 수 있을까요? 제 차가 고장이 나서요."

　마침 여자의 목적지가 자신이 가는 곳과 같은 방향이었기에 정훈은 흔쾌히 여성을 차에 태웠다. 그러나 다음 순간, 상상치도 못한 일이 벌어졌다. 여자가 핸드백에서 권총을 꺼내 정훈의 머리에 겨눈 것이다.

　"당장 차에서 내려서 옷하고 신발 벗어! 빨리! 딴생각은 하지 않는 게 좋을 거야. 안 그랬다간 무슨 일이 벌어질지 나도 장담 못해!"

　머리에 총이 겨눠진 상태라 딴생각을 하려 해도 할 수가 없었다. 정훈은 여자가 시키는 대로 정신없이 차에서 내려 옷과 신발을 벗었다.

　"트렁크로 들어가. 당장!"

　여자가 대체 무슨 꿍꿍이인지 정훈은 짐작조차 할 수 없었다. 정훈이 트렁크로 기어 들어가자 여자는 트렁크를 잠그고 곧장 차를 출발시켰다.

　5분쯤 달렸을까. 갑자기 차가 멈추더니 여자가 길옆 어느 건물로 들어갔다. 잠시 후, 여자가 돌아왔고 다시 차가 움직였다. 얼마쯤 떨어진 곳에서 여자는 차를 멈추고 트렁크를 열어주었다. 그리고 여전히 정훈에게 총을 겨눈 채 천천히 뒷걸음질하더니 길옆 수풀 사이로 사라져버렸다.

정훈은 황급히 운전석으로 가서 옷부터 찾아 입었다. 그런데 막 단추를 채우려던 순간, 뭔가 이상한 느낌이 들었다. 자세히 보니 옷이 온통 피투성이였다. 정훈은 깜짝 놀라 얼어붙고 말았다. 그제야 여자가 무슨 짓을 했는지 알 수 있었다. 그의 차를 몰고 가서 그의 옷을 입고 끔찍한 범죄를 저지른 것이다! 어찌할 바를 몰라 허둥대고 있는데 저 멀리서 경찰차 사이렌 소리가 들려왔다. 정훈은 금세 한 무리의 경찰에게 포위됐다. 그는 자신은 피해자이며 진짜 범인은 웬 여자라고 목이 터져라 항변했지만 아무 소용없었다. 이미 모든 증거가 정훈을 범인으로 지목하고 있었다.

"당신이 그 남자 죽인 거 맞잖아, 그것도 여덟 번이나 찔러서! 차 안에서 흉기도 발견됐고, 당신 옷도 피해자 혈흔으로 뒤덮여 있어. 게다가 사건 발생 시각에 당신 차가 피해자 집 앞에 세워져 있는 걸 본 목격자도 있고. 이래도 발뺌할 거야?"

경찰은 정훈을 무섭게 추궁했다.

"난 그 남자와 일면식도 없어요. 알지도 못하는 사람을 내가 왜 죽여요! 나도 피해자라고요, 억울해요!"

정훈이 아무리 소리쳐도 경찰은 들은 척도 하지 않았다. 물증과 목격자가 너무나 확실했던 것이다. 정훈은 절망에 빠졌다. 이대로라면 꼼짝없이 생판 알지도 못 하는 사람의 살인자로 낙인찍힐 판이었다.

　그런데 그때, 경험이 풍부한 어느 노련한 형사가 정훈의 주장을 뒷받침할 증거를 찾아냈다. 그 덕분에 정훈은 아슬아슬하게 누명을 벗을 수 있었다. 형사가 찾아낸 증거란 무엇일까?

046 무고한 사형수

　런던 교외의 어느 교도소, 감시가 삼엄한 이곳에 명탐정 포와로가 나타났다. 교도소장이자 오랜 친구인 잭을 만나러 온 길이었다. 그가 잭과 함께 어둡고 음침한 복도를 지나고 있는데, 어디선가 고함 소리가 들려왔다.

　"풀어줘! 난 억울해! 난 사람을 죽이지 않았어! 난 갇힐 이유가 없다고!"

　소리를 따라가보니 수척하지만 반듯한 용모의 청년이 있는 힘껏 감옥 문을 두드리고 있었다.

　"어찌 된 일인가? 누구야?"

　"쿳시, 살인범일세."

　포와로의 질문에 잭이 간단하게 대답했다.

　"삼림공원 순찰 대원 두 명을 죽였어. 심각한 범행이었고, 사형이 선고됐네."

　"그런가? 하지만 전혀 살인범 같아 보이지 않아. 게다가 본인은 억울하다고 주장하고 있네. 뭔가 착오가 있는 것은 아닐까?"

　포와로가 다시 묻자 잭이 끌끌 혀를 찼다.

　"명탐정답지 않게 순진한 소리하긴. 여기 갇힌 사람의 절반이 자기는 억울하다고 한다네. 또 3분의 1은 누가 봐도 나쁜 놈 관상이 아니지. 그런데 말만 듣고, 얼굴만 보고 풀어주라는 건가?"

　포와로가 쿳시에게 관심을 가진 것은 단순히 그의 말이나 생김새 때문이 아니었다. 그보다는 오랜 세월 수많은 범죄 사건을 다루고 해결하면서 생긴 직감이 무언가 잘못됐다고 말하고 있었다. 만약 쿳시가 진짜 범인이라면 이미 체포되어 사형까지 선고받은 마당에 끝까지 무죄를 주장할 이유가 없었다. 포와로는 포기하지 않고 잭에게 쿳시의 사건 기록을 보여달라고 했다. 오랜 친구의 부탁을 거절할 수 없었던 잭은 결국 쿳시의 사건 파일을 찾아 포와로에게 넘겨주었다.

사건 기록에 따르면 범행이 일어난 때는 3개월 전, 어느 비 오는 밤이었다. 삼림공원 순찰 대원 두 명이 순찰 중에 뒤에서 습격을 받고 그 자리에서 사망했다. 시신은 이튿날 발견됐다. 시신이 발견됐을 당시는 날이 맑았지만 전날 내린 비로 범인의 흔적은 거의 씻겨 나간 뒤였다. 경찰이 현장에서 발견한 유일한 단서는 진창이 된 땅에 깊이 박힌 족적뿐이었다.

경찰은 삼림공원 전체를 샅샅이 수색했고, 마침내 쿳시를 찾아냈다. 그는 범행 현장에서 반경 1킬로미터 이내에 있던 유일한 사람이었고, 비 때문에 발이 묶였다는 변명 외에 제대로 된 알리바이를 제시하지 못했다. 경찰은 그의 신발을 유일한 단서인 족적에서 뜬 석고 표본과 비교했다. 자로 잰 듯 정확하게 일치했다.

"신발 자체는 흔히 볼 수 있는 평범한 디자인이었네. 하지만 사이즈마저 완벽하게 같은 신발이 우연히 범행 현장 근처에 나타날 확률은 그리 높지 않지. 법정은 확실한 물적 증거에 의거해서 판결을 내렸다네. 이제 일주일 후면 사형이 집행될 거야."

잭이 사건 파일을 씹어 먹을 듯 보고 있는 포와로에게 말했다. 그러나 다음 순간, 포와로는 분노의 일갈을 터뜨렸다.

　　"이런 멍청한 경찰들! 이 정도로 단순한 과학 상식도 없이 무슨 수사를 한다는 게야? 그 유일하고 결정적인 증거가 바로 쿳시의 무죄를 증명하고 있건만!"

　　포와로는 왜 이렇게 말했을까?

047 불가사의한 화재

　헨리는 세계적인 명성을 지닌 작가지만 한편으로는 극단적인 자유주의자이다. 도시보다는 자연을, 사람보다는 동물을 선호하는 그는 벌써 몇 년째 한적한 호숫가의 통나무집에서 고양이 한 마리를 키우며 거의 은둔하다시피 지내는 중이다.

　그러던 어느 날, 헨리는 중병에 걸린 친구를 만나기 위해 오랜만에 도시로 나갔다. 길어야 사나흘 정도 머무를 계획이어서 고양이는 데려가지 않았는데 어쩌다 보니 원래 일정과 달리 일주일이 지나서야 집에 돌아오게 되었다.

　그리고 헨리는 집에 들어서자마자 망연자실하고 말았다. 집 안이 온통 그을음에 재투성이였던 것이다. 그가 사랑해 마지않던 고양이는 바싹 타버린 채 시커먼 덩어리로 변해 있었다. 한순간에 보금자리와 반려동물을 잃은 헨리는 즉시 탐정 로이를 불러 사건을 의뢰했다.

　현장 상황으로 보건대, 그나마 지난 며칠 비가 많이 내린 덕에 통나무집이 전소되거나 주변 숲에 불이 옮겨 붙는 참사를 피한 듯했다. 하지만 고양이는 방 안에 있다가 탈출구를 찾지 못해 변을 당한 것으로 보였다. 조사 결과 처음 불이 시작된 곳은 방구석에 있던 책장이었다. 이상한 점은 헨리가 아무리 기억을 더듬어보아도 방 안에 불이 날 만한 물건이나 요소가 없었다는 것이다. 전기 누전 흔적도 없고, 가스 밸브 또한 제대로 잠겨 있었으며, 타이머가 달려서 자동으로 켜지는 난방 기구 같은 것도 없었다.

로이는 방을 꼼꼼하게 살펴보다가 책장 아래에서 깨진 유리 조각을 발견했다. 헨리에게 보여주자 책장 위에 어항이 있었다는 대답이 돌아왔다. 유리 조각 옆 카펫에는 뭔가 눌어붙은 자국과 함께 소량의 생석회가 발견됐다. 그것을 본 순간, 로이는 문제의 답을 찾아냈다.

대체 왜 불이 났을까?

048 전화위복이 된 나쁜 버릇

　수연은 한 중견기업 사장의 금지옥엽 외동딸이다. 단아한 외모에 총명한 머리까지 그야말로 모자란 구석이 없으니 최고의 신붓감이라고 해도 과언이 아니지만 서른이 넘도록 수연은 여전히 독신이었다. 남자와의 교제가 없었던 것은 아니다. 그러나 대부분 몇 달도 되지 않아 헤어졌다. 이유는 단 하나, 그녀에게 남들은 이해하지 못할 괴이한 습관이 있었기 때문이다. 바로 도벽이었다.

　수연은 백화점을 갈 때마다 화장품 코너에서 필요하지도, 좋아하지도 않는 물건을 훔쳤다. 자신도 의식하지 못하는 사이에 물건을 슬쩍 품에 넣고 나왔다. 그러다 점원에게 들켜서 경찰이 오기도 했지만 그럴 때마다 수연의 어머니가 부리나케 달려와 머리를 조아려 사죄하고 물건값을 지불함으로써 큰 마찰 없이 일단락되기 일쑤였다.

　수연이 과거에 사귄 남자 중 별 직업 없이 빈둥대던 한량이 있었다. 나중에 질 나쁜 조직에 발을 들여놓게 된 그는 우연히 조직 두목에게 수연의 이야기를 했다. 흥미가 동한 두목은 수연의 기벽을 이용해서 보석을 훔치기로 하고, 그녀를 납치해 포박한 뒤 자신들에게 협조하라고 협박했다. 수연은 울면서 완강히 거부했다.

　"싫어요. 난 그런 짓 못해요."

　평생 자신을 괴롭히고 부끄럽게 만든 나쁜 습관이 조폭 세계에서는 환영받는 재능이라니, 수연은 어이가 없어서 말도 안 나올 지경이었다.

"눈치가 있다면 시키는 대로 하는 게 좋아. 아가씨, 집에 불나는 꼴 보고 싶어? 얌전히 협조해서 물건만 제대로 가져와. 경찰? 걱정할 필요 없어. 우리가 시켜서 그랬다고 말해. 그럼 아가씨한테 해 될 거 전혀 없다니까?"

갖은 회유와 협박에 결국 수연은 고개를 끄덕였다.

"다시 한 번 말하지만 경찰에 신고할 생각은 하지 마. 아가씨가 어디 살고 부모가 누구인지 다 아니까. 아니다, 아예 각서를 쓰자고. 우리 사이에도 증거를 남겨야지. 안 그래?"

두목이 비릿하게 웃으며 수연에게 볼펜을 내밀었다.

결국 수연은 두목이 지정한 보석상에 들어가 물건을 구경하는 척하다가 보석을 훔쳐 나왔다. 그리고 훔친 보석 전부를 두목의 손에 넘겨주었다.

한 시간쯤 뒤, 경찰이 수연을 찾아왔다. 수연은 이미 경찰 사이에서도 도벽으로 유명했기 때문에 감시 영상에서 그녀를 보자마자 범인으로 확신하고 찾아온 것이다.

"보석, 돌려주시죠?"

하지만 수연은 그럴 수가 없었다. 이미 두목에게 넘겼기 때문이다. 전전긍긍하던 그녀가 어쩔 수 없이 모든 것을 털어놓았지만 경찰은 믿지 않았다. 오히려 이번에야말로 제대로 법의 심판을 받게 해주겠다며 더욱 강경하게 나왔다. 수연은 울음을 터뜨리며 바닥에 주저앉았다.

그때, 무언가 수연의 겉옷 주머니에서 떨어졌다. 수연의 억울함을 풀어줄 결정적 물건이었다. 그것은 과연 무엇이었을까?

049 불완전한 녹음 증거

기록적인 경제 불황 탓에 영길은 간신히 유지하던 음식점 문을 닫고 말았다. 그뿐만 아니라 적잖은 빚까지 지게 되었다. 빚을 갚고 먹고살기 위해 영길은 어쩔 수 없이 예전에 하던 일을 다시 시작했다. 그의 능력 안에서 무자본으로 시작할 수 있는 유일한 일, 바로 사립탐정이었다.

다행히 탐정 일을 다시 시작하자마자 옛 단골 전 사장이 그를 찾아왔다. 주로 사업과 관련된 의뢰를 하던 전 사장이었지만 이번에는 자신의 아내를 조사해달라고 했다. 그가 내민 사진 속에는 전 사장보다 훨씬 어려 보이는 30대 초반의 미인이 환하게 웃고 있었다. 영길이 채 무어라고 묻기도 전에 전 사장은 자세한 상황을 술술 늘어놨다.

"아내는 전업주부요. 그런데 얼마 전부터 집에만 있으려니 심심하다며 그림이라도 배우고 싶다 하더군. 마침 예전에 내가 경제적으로 지원해준 화가가 멀지 않은 곳에 화실을 낸 참이라 아내에게 소개해주고, 거기서 그림을 배우라고 했지. 그런데 그 젊은 화가 놈이 내 마누라를 꾀어내서 날 버리고 자기랑 살자고 했다오. 망할 놈, 은혜를 원수로 갚을 줄 누가 알았겠소?"

"아내 분이 직접 털어놓으신 겁니까?"

"그럴 리가 있소? 다 나 혼자 알아낸 거요. 뒤에서 그놈이 조종한 게 분명하오! 왜냐하면 내 마누라는 절대로 그런 생각을 할 리 없거든."

전 사장은 자신의 아내를 철석같이 믿고 있었다. 자연히 의심의 화살은 화가에게 돌아갔다.

"다 알아내셨다면서 저는 왜 찾아오신 겁니까?"

"확실한 증거가 필요해서지. 증거가 있어야 두 연놈을 추궁하든 말든 할 것 아니오?"

전 사장의 의뢰를 받기로 한 영길은 문제의 화실로 향했다. 그리고 그림을 배우려는 척 상담을 하며 대략적인 상황을 파악했다. 화가 두 명이 이 화실을 공동 운영하고 있었는데, 한 명은 왕씨였고 다른 한 명은 류씨였다. 전 사장의 부인과 내연관계인 쪽은 류씨였다. 화실에는 전 사장의 부인 말고도 수강생이 여섯 명 더 있었으며 모두 젊은 아가씨였다. 그러나 영길이 화실에 있는 동안 전 사장의 부인은 나타나지 않았다.

화실을 나온 영길은 마침 바로 옆 사무실이 비어 있다는 것을 알았다. 그는 즉시 그 사무실을 빌린 후, 화실과 맞닿은 벽에 도청기를 설치했다. 음질이 아주 깨끗하지는 않았지만 벽 너머에서 무슨 일이 벌어지고 있는지 정도는 충분히 알 수 있었다.

다음 날, 영길은 녹음된 내용을 확인해보았다. 전 사장의 부인으로 보이는 목소리는 없었고, 대신 왕씨와 류씨가 나눈 대화가 녹음되어 있었다. 사실 대화라기보다는 말싸움에 가까웠다. 내용도 내용이지만 두 사람 다 목소리에 살기가 흉흉했다.

"네 멋대로 내 작품을 출품해? 그것도 네 이름을 달아서?"

"마감 시간이 촉박했다고. 당장 네 상세한 이력이 없는데 어떡해? 어쩔 수 없이 내 걸 대신 써 넣은 거야."

"웃기는 소리 하지 마! 처음부터 내 그림을 훔칠 생각이었지?"

"다 우리 화실을 위해서 그런 거야. 어쨌든 상을 탔으니 결과적으로 잘된 일 아냐? 이제 우리 화실도 유명해질 거라고!"

"우리 화실? 흥! 네가 유명해지겠지!"

"너 진짜 말이 안 통한다."

"됐고, 상금이나 내놔. 그렇지 않으면 내가 다 폭로해서 널 완전히 매장시켜버릴 테니까!"

두 사람이 다투는 이유는 충분히 파악할 수 있었다. 다만 누가 누구의 작품을 훔쳤는지 목소리만 듣고는 알 수 없었다.

도청 3일 째, 영길은 녹음된 내용을 또 확인했다. 이번에는 여자와 남자의 목소리가 들렸다. 대화 내용으로 미루어보건대 확실히 은밀한 관계인 듯했다. 다만 여자는 남자에게 다정하고 열정적인 데 반해 남자는 다소 시큰둥해 보였다. 영길은 이 녹음을 전날 녹음과 비교한 뒤, 그림을 도용한 쪽이 류씨라고 짐작했다. 즉, 류씨가 왕씨의 그림에 자기 이름을 붙여 대회에 출품했고 상을 탄 것이다.

영길은 그동안 녹음한 테이프를 전 사장에게 전달했다. 부인과 류씨의 대화가 담겨 있으니 증거로서 충분할 터였다. 녹음 내용을 들은 전 사장은 온몸을 부들부들 떨었다.

그로부터 며칠 후, 류씨가 자신의 화실에서 사망한 채 발견됐다. 시신 옆에는 손목시계가 떨어져 있었다. 전 사장이 평소 즐겨 차던 고급 시계였다. 경찰은 즉시 전 사장을 용의자로 소환했지만 그는 혐의를 극구 부인했다. 또한 자기보다 왕씨가 더 큰 동기를 가지고 있다며 그 증거로 녹음테이프를 제출했다. 그러나 왕씨 역시 취조 과정에서 자신의 무고를 주장했다.

경찰은 사건 현장 조사 후 면식범의 소행이라는 결론을 내렸다. 문과 창문 어느 곳도 훼손되지 않았으며, 내부 역시 흐트러짐 없이 정돈되어 있는 것으로 보아 류씨가 잠시 부주의한 틈을 타서 면식범이 그를 살해했다고 보는 편이 타당했다. 그러나 가장 유력한 용의자인 전 사장과 왕씨가 극구 무죄를 주장하고, 확실한 알리바이까지 제시하면서 수사는 미궁에 빠졌다.

경찰은 곧 영길을 찾아갔다. 전 사장이 그에게 의뢰해 화실을 도청했다고 털어놨기 때문이다. 녹음된 내용 중 사건과 관련된 것이 있을지도 모르는 일이었다. 운이 좋다면 살해 당시 상황이 녹음되어 있을 수도 있었다. 그러나 안타깝게도 부인과 류씨의 대화가 담긴 테이프를 전 사장에게 넘긴 뒤 영길이 녹음기 버튼 누르는 것을 깜박하는 바람에 그 후에는 아무것도 녹음되어 있지 않았다. 겸연쩍어하는 영길의 귓가에 실망한 형사가 나직하게 내뱉는 소리가 들렸다.

"멍청한 사립탐정 같으니!"

자존심이 상한 영길은 자신이 멍청한 사립탐정이 아니라는 사실을 밝히기 위해 따로 수사에 착수했다. 그리고 3일 후, 경찰을 찾아가 자신 있게 말했다.

"범인이 누군지 알아냈습니다."

그는 조사한 결과를 상세하게 설명했다. 경찰 역시 그의 추리가 타당하다고 판단하고 새롭게 수사를 시작했다. 그 결과 얼마 안 가 진범을 체포할 수 있었다.

진범은 누구이며, 사건의 진상은 무엇일까?

스파이 침입 사건

시카고 모처의 연구소에 스파이가 침입했다. 범행을 저지르기 직전 경비원에게 발견된 스파이는 황급히 담을 넘어 밖에 세워둔 검은색 차량을 타고 도주했다.

경찰 조사 결과, 연구소 직원인 힐 박사의 차량 타이어 자국과 범인의 차량 타이어 자국이 완전히 일치했다. 똑같은 타이어라고 해도 마모 정도는 제각각 다르기 때문에 타이어 자국은 일종의 지문 같은 역할을 한다. 따라서 타이어 자국이 일치한다는 사실이 밝혀지자 힐 박사가 유력한 용의자로 떠올랐다. 그러나 그에게는 확실한 알리바이가 있었다. 스파이가 연구소에 침입한 시각에 친구의 집을 방문했다는 것이다. 힐 박사의 친구도 이를 증명했다. 힐 박사가 용의선상에서 제외된 후, 경찰은 범인이 차 열쇠를 몰래 복사해두었다가 힐 박사의 차를 이용했을 가능성을 조사했지만 이 역시 아닌 것으로 판명됐다. 차량주행 기록을 확인해보니 힐 박사의 차는 주차장에 정차한 이후로 단 한 번도 움직이지 않았기 때문이다.

그때, 베테랑 수사관인 스미스가 범인의 트릭을 간파했다. 대체 범인은 무슨 수를 쓴 것일까?

051 수상한 그림자

　K그룹의 사장이 야근 중에 갑자기 난입한 괴한이 쏜 총에 맞아 사망했다. 비교적 보안이 철저하고 경비 인력 또한 충분했는데도 회사 안에서 살인 사건이 벌어진 것이다. 범인이 어떤 경로로 회사 내부에 침입했는지, 어떻게 경비원의 눈에 띄지 않고 사장실까지 갈 수 있었는지 도무지 알 수가 없었다. 경찰이 캐물었지만 보안 총책임자는 꿀 먹은 벙어리마냥 아무 대답도 하지 못했다. 다만 범인은 외부인이 확실하다고 했다. 그밖에 몇몇 감시 카메라에 범인으로 보이는 남자가 회사 로비에 잠입한 뒤 10분이 지나 사장실에 도착하는 모습이 찍혀 있었다.

　경찰은 일단 인근 수색부터 시작했다. 사건이 벌어지고 얼마 안 가 신고가 들어왔기 때문에 범인이 아직 멀리 도망치지는 못했으리라 판단한 것이다. 그 판단이 틀리지 않았는지 곧 지구대에서 수상한 사람을 잡았다며 본부로 이송해왔다. 지구대 경관들이 근처에서 순찰을 돌다가 K그룹 쪽에서 다급히 달려오는 청년을 발견했는데, 꽁지가 빠져라 뛰면서도 자꾸 뒤를 돌아보는 모습이 수상해서 일단 붙잡았다는 것이다. 경관에게 붙잡힌 청년은 더욱 당황해하며 말도 안 되는 변명을 늘어놓았다. 그때 마침 무전을 통해 수색 명령이 전달됐고, 청년은 즉시 본부로 이송됐다.

　경찰은 감시 카메라 영상 속 범인의 모습과 청년을 비교 대조했다. 범인이 기적적으로 메인 감시 카메라를 피한 탓에 남은 것이라고는 보조 감시 카메라에 찍힌 영상뿐이었는데, 그나마도 화질이 엉망이라 영상 속 범인이 청년인지 아닌지 확신할 수가 없었다. 청년도 K그룹에 갔었다는 점은 인정했다. K그룹 때문에 자신이 파산했다는 이유였다. 하지만 야구 방망이로 정문 유리를 깼을 뿐, 사람은 죽이지 않았다며 끝까지 혐의를 부인했다.

과연 청년은 살인범일까, 아닐까?

052 뻐꾸기시계와 볼펜 녹음기

7월의 어느 저녁, 여성 M이 자신의 집 서재에서 살해당했다. 현장에서는 볼펜 녹음기가 발견됐는데 확인 결과 사건 당시의 정황이 모두 녹음되어 있었다. 음성 파일 분량은 1시간 30분 정도로 저장 용량을 거의 다 채운 상태였다. 경찰은 M이 중요한 만남을 위해 일부러 녹음을 했으며 갑자기 살해당하는 바람에 미처 녹음기를 끄지 못했을 것이라고 판단했다.

음성 파일의 앞부분은 기나긴 침묵이었다. 잠시 후 M이 상대방과 서재에서 모종의 거래를 진행하기로 약속하는 대화 내용이 흘러나왔다. 뒤이어 날카로운 비명이 들렸다. 뭔가를 정리하는 소리가 한참 들리더니 이윽고 다시 정적이 흘렀다. 경찰은 음성 파일의 내용에 따라 범행 시각에 현장에 있었을 가능성이 가장 큰 사람을 찾았다. 바로 M의 상사 믹스였다. 믹스는 제대로 된 알리바이를 제시하지 못했고 즉시 구금됐다.

하지만 법정에서 음성 파일은 참고 자료일 뿐 결정적인 증거가 되지 못했기 때문에 확실한 단서가 필요했다. 경찰은 믹스가 범인이라는, 혹은 범인이 아니라는 증거를 찾기 위해 현장을 꼼꼼히 조사했지만 아무것도 찾지 못했다. 소득 없이 시간은 흘러 어느덧 저녁 7시, 서재 책상에 있는 뻐꾸기시계에서 뻐꾸기가 튀어나와 시간을 알렸다. 경찰들은 뻐꾸기가 일곱 번 우는 소리를 들으며 일단 철수하기로 결정했다. 그런데 그때, 한 수사관이 무언가 중요한 사실을 깨달았다. 그는 무엇을 깨달았을까?

053 독침과 종이컵

변호사 S가 자신의 사무실에서 살해당한 것을 비서 루시가 발견하여 경찰에 신고했다. S는 의자에 앉아 있었으며, 등 쪽에서 심장을 관통한 독침 때문에 사망한 것으로 밝혀졌다. 현장은 심하게 어질러져 있었다. 온갖 서류와 서적이 책상 위와 바닥에 어지러이 흩어져 있었고 그중 한 책에는 커피가 튄 흔적이, 바닥에서는 S의 손목시계가 유리가 깨진 채 발견됐다. 손목시계의 시간은 4시 45분에 멈춰 있었다.

현장 감식을 마친 후 경찰은 좀처럼 울음을 그치지 못하는 루시를 대상으로 사정 청취를 했다. 루시에 따르면 사건 당일 오후 S는 약속이 세 건 있었다. 3시에 에이든, 4시에 브루니, 4시 30분에 마틴이 S를 방문했다. 에이든과 브루니는 병 음료를 달라고 했고, 마틴은 커피를 요구해서 종이컵에 커피를 타주었다고 루시는 진술했다. 마침 탕비실에 마땅한 컵이 없었기 때문이다.

"마틴 씨는 커피를 받아들고 변호사님 사무실로 들어갔어요. 그리고 잠시 후에 나와서 컵을 제 책상에 놓더니 황급히 나가더라고요. 아무 말도 없이 말이죠. 종이컵은 제가 쓰레기통에 버렸습니다."

경찰은 독침과 종이컵을 수거해 조사했다. 독침에서는 아무것도 나오지 않았지만 종이컵에서 마틴의 지문이 발견됐다. 그러나 정작 경찰이 살인범으로 지목한 사람은 마틴이 아니라 루시였다. 대체 어찌 된 일일까?

054 어느 회계사의 죽음

　조지는 한 회계법인의 회계사로, 주로 상장 기업의 재무 상태를 심사하고 감독하여 주주들에게 기업의 실제 상황과 정보를 알리는 업무를 맡고 있었다. 그 때문에 연말이면 기업들의 재무 보고서를 검토하느라 정신없이 바빴다. 그러던 어느 날, 조지는 한 건설회사의 연간 재무제표 보고서를 보다가 뭔가 이상한 점을 느꼈다. 얼핏 보기에는 올해 큰 이윤을 남긴 듯했지만 수치 하나하나를 따져보면 모순된 부분이 많았다. 오랜 경험을 통해 조지는 이 회사가 재무제표를 조작했다는 사실을 금방 눈치챘다.

　조지가 이 회사의 재무 책임자에게 연락하려는 참에 마침 그쪽에서 긴히 할 얘기가 있다며 전화를 걸어왔다. 두 사람은 조지의 사무실 맞은편에 있는 카페에서 저녁 8시에 만났다. 상대와 마주 앉자마자 조지는 단도직입적으로 말했다.

　"데이비드 씨, 귀사의 재무제표를 검토하다가 매우 이상한 점을 발견했습니다. 현재 귀사의 규모로 봤을 때는 도무지 재무제표에 기록된 수치가 나올 수 없는데, 어찌 된 일이죠?"

　데이비드는 엷은 미소를 지으며 고개를 끄덕이더니 품에서 두툼한 봉투를 꺼내 내밀었다.

　"그래서 이렇게 작은 성의를 준비해 온 것이 아니겠습니까. 부디 이번만 봐주십시오. 올해만 잘 버티면 곧 그 수치가 현실화될 겁니다."

　그러나 회계사로서 자긍심과 자부심을 가진 조지에게 뇌물이 먹힐 리 없었다. 그가 굳은 표정으로 거절하자 데이비드는 눈치 빠르게 사과하며 재빨리 화제를 전환했다. 두 사람은 잠시 공통된 취미인 낚시에 대해 이야기하며 경색된 분위기를 누그러뜨렸다. 그동안 카페 직원이 한두 차례 음료를 리필해주기 위해 두 사람의 테이블에 왔다 갔고, 조지와 데이비드는 1시간쯤 후에 카페를 나왔다. 그런데 그로부터 2시간 후, 한 손님이 카페 화장실에서 조지의 시체를 발견했다. 날카로운 칼에 가슴이 찔린 그는 눈도 채 감지 못한 상태였다. 현장에 도착한 경찰이 조지의 주머니에서 작은 녹음기를 발견하고 재생 버튼을 누르자 곧장 조지의 목소리가 흘러나왔다.

"만약 내게 무슨 일이 생긴다면 범인은 데이비드일 겁니다… 나한테 뇌물을 주려다가 실패했거든요… 세상에, 그가 옵니다. 아!"

경찰은 녹음 내용을 근거로 데이비드를 체포했다. 그러나 데이비드는 누군가 자신을 음해하기 위해 일부러 증거를 심어둔 것이라며 끝까지 결백을 주장했다. 경찰은 난감해졌다. 다른 확실한 단서도 없고, 자칫하면 사건이 미궁에 빠질 수도 있었다. 과연 데이비드는 범인일까, 아닐까?

055 범죄 현장의 신발 자국

　미치와 애런, 안드레이는 철강 회사의 경비원이다. 어느 날, 애런이 잔뜩 들뜬 모습으로 말했다.

　"나 복권에 당첨됐어. 무려 50만 달러라고!"

　미치는 애런의 행운을 진심으로 축하해주었지만 안드레이는 달랐다. 겉으로는 잘됐다고 하면서도 속으로는 질투가 나서 어쩔 줄 몰랐다. 최근 안드레이는 도박 빚 때문에 남몰래 시달리는 중이었다. 결국 그는 나쁜 마음을 먹고 애런의 돈을 빼앗을 계획을 세웠다. 미치가 야간 당직인 어느 날, 안드레이는 몰래 애런의 집에 침입해 그를 살해하고 50만 달러를 훔쳤다.

　애런의 시신은 다음 날 아침에 발견됐다. 현장에는 범인의 것으로 보이는 족적이 어지러이 남아 있었다. 경찰은 이 족적을 조사한 뒤, 가장 유력한 용의자로 미치를 지목했다. 미치는 한쪽 다리를 약간 저는 탓에 신발 바닥이 독특하게 닳았는데, 이 특징이 현장에서 발견된 족적과 정확히 일치했던 것이다. 또한 경찰이 압수한 미치의 신발 밑창에는 애런의 집 앞마당에 있는 것과 같은 흙이 묻어 있었다. 설상가상으로 미치는 제대로 된 알리바이를 제시하지 못했다.

　"그 신발은 3개월 전에 산 것이고, 매일 출퇴근할 때 신었습니다. 사건이 있었던 날에는 혼자 회사에서 당직을 섰고요. 그 시간에 뭐 했냐고요? 그때쯤이면 순찰을 한 바퀴 돌고 잠깐 눈을 붙일 시간이긴 한데… 어쨌든 그날 밤 전 회사에서 한 발짝도 나가지 않았습니다. 안타깝게도 증명해줄 사람은 없지만요."

갑작스런 혐의에 놀랐는지, 미치는 제대로 항변할 기력도 없는 듯했다. 경찰이 추궁하듯 물었다.

"그럼 당신 신발도 당직실에 계속 있었다는 겁니까?"

"그렇습니다. 일단 출근해서 제복으로 갈아입으면 신발을 당직실에 벗어두거든요. 퇴근할 때 신고 가고요. 그런데 왜 애런의 집 마당에 내 신발 자국이 있다는 건지… 저도 도무지 이해할 수가 없습니다."

미치는 억울한 감정을 숨기지 못했다.

대체 안드레이는 어떻게 범행 현장에 미치의 신발 자국을 남긴 것일까?

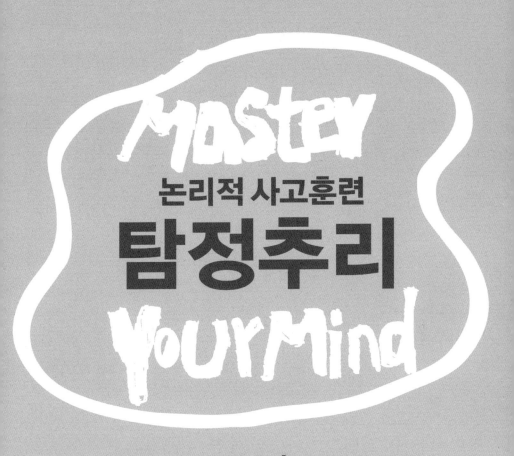

part 4.
고차원 추리의 세계

056 화살 살인 사건

시의원 선거에 출마한 임인화는 근소한 차이로 경쟁 후보인 양정곤을 누르고 시의원에 당선됐다. 개표 결과가 전해지자 기자들은 혜성처럼 등장한 초선의원을 인터뷰하기 위해 임인화의 사무실로 몰려들었다.

임 의원은 도착하자마자 문 앞에서 몇 시간 동안 자신을 기다린 기자들에게 일언반구도 없이 곧장 사무실로 들어가버렸다. 느닷없는 푸대접에 기자들이 불만을 터뜨리려는 찰나, 뒤따라온 여비서가 공손하고 살가운 태도로 재빨리 상황을 무마하고 나섰다.

"정말 죄송합니다. 지금 의원님이 너무 피곤하셔서요. 10분만 휴식하고 나오셔서 인터뷰에 응하시겠다고 합니다. 부디 여러분의 너른 양해 부탁드립니다. 다시 한 번 정말 죄송합니다."

그녀는 거듭 머리를 숙여 사과하고 종종걸음으로 사무실로 들어가 문을 잠갔다. 10분은 그다지 긴 시간이 아니었기에 기자들은 조금만 더 참고 기다리기로 했다.

그러나 약속한 시간이 지나도 사무실 문은 열릴 기미가 보이지 않았다. 기자들이 웅성대며 여기저기서 볼멘소리가 나오기 시작한 그때, 갑자기 안에서 '악' 하는 비명 소리가 들리더니 비서가 새하얗게 질린 채 뛰어나왔다. 그녀는 부들부들 떨며 말했다.

"임 의원님이… 화살에 맞았어요!"

그 말이 떨어지기가 무섭게 기자들이 사무실 안으로 들어갔다. 임 의원은 책상 위에 엎드려 있었다. 비서의 말대로 등에 화살이 꽂혀 있었는데 심장을 관통했는지 이미 사망한 것으로 보였다. 이 참담한 광경에 몇몇은 비명을 지르며 고개를 돌렸고 몇몇은 다급히 경찰에 연락했지만 대다수는 앞다투어 카메라 플래시를 터뜨렸다. 현장은 삽시간에 혼란에 빠졌다.

경찰은 즉시 사무실을 봉쇄하고 현장 감식에 들어갔다. 임 의원의 등에 꽂힌 것 외에 발코니에서도 화살 한 대가 발견됐다. 범인의 첫 번째 시도가 실패한 흔적으로 보였다. 피해자의 자세로 보아 그는 책상 앞에 앉아서 당선 감사 발표문을 작성하던 중, 등 뒤의 창을 통해 날아온 화살에 맞아 숨진 듯했다. 의원의 책상과 창 사이에는 다비드상과 비너스상의 복제품이 일렬로 놓여 있었다. 두 조각상은 비슷한 높이였으며 팔을 구부리고 있는 자세의 다비드상이 비너스상보다 면적이 조금 더 컸다. 두 개의 조각상이 시야를 가림에도 창밖에서 화살을 날려 심장을 적중시킨 것을 봤을 때 범인은 전문적으로 훈련받은 솜씨 있는 궁수가 분명했다.

당시 비서는 의원의 책상 오른쪽 뒤편에 놓인 책상에서 축하연회 초청 명단을 정리하는 중이었다. 그런데 갑자기 유리 깨지는 소리가 들리고, 임 의원이 푹 쓰러졌다. 그 모습을 보고 자신마저 어찌 될까 봐 겁이 나서 황망히 사무실을 뛰쳐나왔다고 비서는 진술했다.

경찰은 사건이 이번 선거와 관련되었을 것을 염두에 두고 수사했다. 자연히 경쟁 후보자인 양정곤에게 혐의가 집중됐다. 임 의원이 사망하면 재선거 없이 차등인 양정곤에게 의원직이 넘어가기 때문이다. 게다가 조사 과정에서 양정곤의 둘째아들 양정명이 양궁협회 회원인 것으로 드러나면서 경찰은 유력한 용의자로 양정명을 지목했다. 그러나 얼마 안 가 수사는 벽에 부딪혔다. 양궁협회 자료에 따르면 양정명은 적중률이 겨우 50퍼센트에 불과했던 것이다. 이 정도 실력으로는 먼 거리에서 임 의원을 맞추기 힘들며, 심장을 명중시키기란 더더욱 불가능했다.

경찰이 양정명을 용의선상에서 빼야 하나 고민하고 있는데 의외의 곳에서 실마리가 풀리기 시작했다. 양궁협회 회원 명단에서 익숙한 이름을 발견한 것이다. 곽현주, 바로 임 의원의 비서였다. 좀 더 파고들자 곽현주와 양정명이 내연관계라는 사실이 밝혀졌다. 수사는 급물살을 탔고 용의선상에서 가장 멀리 있던 사람이 가장 유력한 용의자로 떠올랐다. 경찰은 다시 한 번 현장을 샅샅이 뒤졌고, 마침내 다비드상의 팔뚝과 비너스상의 어깨에서 검게 그을린 흔적을 찾아냈다. 검사 결과 그것은 화약 잔여물이었다.

곽 비서가 진짜 범인이라면 무슨 수로 임 의원을 살해했을까? 그녀는 어떻게 범행 현장인 사무실 안에 있으면서 창밖에서 화살을 두 발이나 쏜 것일까?

057 사라진 신랑

리처드와 애나는 항구 근처 교회에서 결혼식을 올린 후 신혼여행을 떠나기 위해 곧장 부두로 향했다. 충동적으로 한 결혼이라 주례를 봐준 신부 외에는 결혼식에 아무도 참석하지 않았다. 심지어 여권에 적힌 애나의 성도 처녀 적 그대로였다. 여권을 바꿀 시간조차 없었던 것이다.

부두에는 화려한 크루즈가 떠날 채비를 하고 있었다. 두 사람은 다급히 탑승교를 올랐다. 제복을 차려입은 이등선원 두 명이 환하게 웃으며 그녀를 반겨주었다. 리처드는 크루즈 여행을 여러 번 해보았는지 배의 상황과 구조를 잘 알았다. 그는 혼잡한 승객들을 헤치고 애나를 B13호 객실로 데려갔고, 객실에 들어선 후에야 두 사람은 겨우 한숨을 돌렸다.

"애나, 혹시 귀중품 있어요? 그런 건 사무장에게 맡기는 게 더 안전하거든요."

"현금으로 2만 달러가 있어요. 제 전 재산이죠."

애나에게 현금 뭉치를 받아 든 리처드는 사무장에게 맡기고 오겠다며 나갔다. 그런데 그로부터 한참이 지나도록 리처드는 돌아오지 않았다. 어느덧 출항을 알리는 기적이 울리고, 배는 천천히 부두를 떠났다. 애나는 갑판으로 올라가 수많은 인파 속에서 남편을 찾았지만 어디에서도 그의 모습은 보이지 않았다. 어쩌면 서로 엇갈렸을지도 모른다는 생각에 객실로 돌아가려고 했지만 그마저도 여의치 않았다. 아무리 찾아도 B13호 객실이 보이지 않았던 것이다. 결국 그녀는 직원에게 도움을 청했다.

"B13호요? 그럴 리가요. 배에서는 절대 그런 숫자를 쓰지 않습니다. 아시겠지만 13은 불길한 숫자잖아요."

직원은 이상하다는 듯 고개를 갸우뚱했다.

"하지만 제 남편 리처드가 분명히 B13호실을 예약했어요. 예약자 명단 좀 확인해주시겠어요? 리처드 부부의 이름으로 되어 있을 거예요. 조금 전에 객실에 가방도 가져다 두었는데…."

승객 명단을 확인한 애나는 더욱 당황하고 말았다. 자신만 처녀적 성으로 예약되어 있고, 방은 B16호실이었기 때문이다. 확인해보니 자신의 짐도 어느새 B16호실로 옮겨져 있었다. 승객 명단 어디에도 리처드의 이름은 없었다. 게다가 사무장은 아무에게도 2만 달러를 받은 일이 없다고 했다.

"그럼 대체 제 남편은 어디로 가버렸다는 건가요?"

애나는 답답해서 미칠 지경이었다. 그때 배 입구에서 자신들을 반겨줬던 이등선원 두 명이 퍼뜩 떠올랐다. 그들이라면 자신과 남편을 기억할 터였다. 하지만 이등선원의 대답을 듣는 순간 애나는 더 깊은 절망에 빠졌다.

"마지막으로 배에 오르셨죠? 물론 기억합니다. 배가 출항하기 직전이기도 했고, 여성분이 혼자 배에 타셔서 인상에 남았죠."

표정이나 말투로 보건대 선원들이 거짓말하는 것 같지는 않았다. 어쩔 수 없이 객실로 돌아간 애나는 밤늦도록 남편을 기다렸지만 헛수고였다. 정말 감쪽같이 사라져버린 것이다. 그녀는 눈물을 흘리며 꼬박 밤을 샜다.

다음 날 새벽, 애나는 전화 한 통을 받고 갑판 위에 올라갔다가 누군가에 의해 바다로 떠밀릴 뻔했다. 다행히 새벽 산책을 나온 다른 승객이 그 모습을 발견해 저지했고, 애나를 바다에 빠뜨리려던 사람은 혼란한 틈을 타 어디론가 사라졌다. 애나는 충격에 빠졌다. 남편은 대체 어디로 갔으며, 누가 자신을 죽이려 했는지 생각할수록 미칠 노릇이었다. 그때 마침 크루즈에 같이 탑승하고 있던 명탐정 포와로가 그녀의 이야기를 들으러 왔다. 애나에게 전후 사정을 들은 포와로는 단숨에 사건을 해결했다.

대체 이 사건의 진상은 무엇일까?

058 비극이 된 연극

경찰이 신고 전화를 받고 달려간 곳은 어느 아파트였다. 문을 열고 들어가자 욕실 문간에 목을 맨 채 흔들리고 있는 여자와 그 옆에서 발을 동동 구르고 있는 여자가 있었다. 문간에 설치한 철봉에 밧줄을 묶은 듯했다. 경관 한 명이 황급히 달려들어 몸을 들어올리는 사이 다른 경관이 재빨리 줄을 끊어냈다. 혹 늦은 게 아닌가 싶어 살피려는 순간, 갑자기 여자가 몸을 떨며 눈을 번쩍 뜨더니 갑자기 미친 듯 웃기 시작했다. 생각지도 못한 상황에 경찰들은 혼비백산했지만 곁에 있던 다른 여자는 너무나 부럽다는 눈빛으로 그 모습을 바라봤다.

이상한 것은 이뿐만이 아니었다. 거실 한복판에 한 남자의 시신이 널브러져 있는데도 여자들은 신경조차 쓰지 않았다. 당황한 기색도 전혀 없었다. 마치 언급할 가치도 없는 장식물을 대하는 듯했다.

시신의 가슴에는 등산용 칼이 꽂혀 있고, 찔린 부분에서는 아직도 피가 새어 나오고 있었다. 사건이 벌어진 지 얼마 되지 않았다는 의미였다. 입에는 수건이 물려 있었는데, 수건을 빼려고 했는지 손이 목께까지 올라와 있었다. 난투의 흔적은 없었다.

자살을 시도한 여자, 그런 그녀를 부럽게 쳐다보는 여자, 그리고 방치된 남자의 시신. 그야말로 기괴한 사건 현장이었다. 때는 한여름 오후 3시, 이글거리는 태양이 아스팔트마저 녹일 정도로 폭염이 기승을 부리는 때였지만 경찰들은 어쩐지 등골이 서늘해졌다. 어디선가 싸늘한 바람이 불어와 뒷목을 스치는 듯했다. 다들 말은 하지 않았지만 속으로 같은 생각을 하고 있었다. 내 생애 이렇게 황당하고 이상한 사건은 처음이라고!

수사팀장은 경찰 두 명을 보내 주변을 수색하게 하고, 자신은 다른 경찰 두 명과 현장 감식을 했다. 먼저 칼 손잡이에서 지문을 채취하여 비교해보니 두 명의 여성 중 자살을 시도했던 쪽과 일치했다.

"당신이 저 남자를 죽였습니까?"

"민정이가요? 그럴 리가요! 영천이는 민정이 남자 친구인걸요."

자살을 시도했던 여자 대신 다른 여자가 펄쩍 뛰며 대답했다. 이름이 진희라고 했다.

"하지만 흉기에서 저분의 지문이 나왔습니다."

"너 저 칼 만졌어?"

진희가 민정을 의아하게 쳐다보자 민정이 고개를 끄덕였다.

"응. 죽은 척을 너무 잘하잖아. 그래서 나도 모르게 다가가서 좀 봤지…."

경찰들은 다시 한 번 황당한 얼굴로 서로 눈빛을 교환했다. 도무지 이해할 수가 없었다. 보통 사람은 시체를 보면 놀라서 저도 모르게 물러서게 마련이다. 그런데 그녀는 가까이 다가가 관찰했다고 했다. 도무지 상식적인 반응이 아니었다. 게다가 상처에서 피가 울컥울컥 나오는데 죽은 척이라니!

"칼이 몸에 딱 붙어 있더라고요. 뽑으려는데 안 뽑히는 거예요. 대체 뭘 써서 붙였는지, 원. 피도 진짜 같고. 어쨌든 영천이 저렇게 훌륭하게 해냈는데 나도 질 수는 없어서 비련의 여주인공 역할 한 번 제대로 해보자, 하고 자살 시도를 했지요. 그런데 여러분이 이렇게 놀라는 걸 보니 내가 연기를 좀 하나 봐요. 우리 극단 사람들이 다 봤어야 하는데, 아쉽다!"

그녀의 말을 듣고 경찰들은 잠시 할 말을 잊었다. 잠시 후 수사팀장이 가까스로 입을 열었다.

"지금 농담하시는 겁니까?"

그는 바닥에 누운 남자에게 다가가 맥박과 호흡을 확인했다. 분명히 사망한 상태였다. 수사팀장은 진희를 향해 물었다.

"혹시 친구 분, 너무 심한 충격을 받아서 정신이 어떻게 된 것 아닙니까? 저게 다 무슨 소리예요?"

그는 손가락으로 머리를 가리키며 이상하다는 제스처를 취했다. 그러자 민정이 발끈했다.

"뭐라고요? 그쪽이야말로 정신이 이상한 거 아녜요?"

"하지만 분명히 사망했습니다. 이 남자 말이에요."

"그럴 리가!"

민정과 진희는 놀라서 숨을 들이켰다.

"저, 정말 죽었다고요?"

진희가 부들부들 떨며 물었다. 그 사이 민정은 후다닥 남자 곁으로 가서 손가락을 코 밑에 댔다. 호흡이 없는 것을 안 그녀는 그제야 남자 친구가 정말로 죽었다는 사실을 깨닫고 충격에 그만 기절하고 말았다.

"어머! 민정아! 어떡해! 이게 대체 무슨 일이야!"

진희는 쓰러진 민정을 붙들고 와락 울음을 터뜨렸다.

"설명은 그쪽이 저희에게 해줘야 할 것 같은데요."

경찰이 진희를 진정시킨 후 물었다.

"우리는 연극 연습을 했을 뿐이에요. 오늘 3시 30분에 영천이 집, 그러니까 여기 모여서 연습하기로 했죠. 제가 좀 일찍 도착했는데, 영천이는 통화 중이었어요. 들어보니 방송국과 이야기 중인 것 같았는데 손짓으로 나더러 앉으라고 하더군요. 하지만 시간도 남고 목도 마르고 해서 아파트 뒤쪽 골목에 있는 상점에 음료수를 사러 다녀왔어요. 와보니까 영천은 이미 저러고 누워 있고, 민정은 목을 매달고 있었어요. 민정이 나한테 윙크를 하기에 아, 연기 연습 중이구나 하고 저도 제 역할을 연기했어요. 그런데 너무 열중한 나머지 진짜 경찰에 신고를 했지 뭐예요? 미처 잘못 신고했다고 할 새도 없이 여러분이 오셨고요."

"음료수를 사러 얼마나 나가 계셨나요?"

"한 15분 정도 될 거예요."

"오늘 연습하기로 한 내용이 뭡니까?"

"지금 보고 계신 상황이랑 비슷해요. 민정이 연기하는 여주인공이 영천이 연기하는 남주인공을 죽이고 자살하는 내용이죠. 그 다음은 제가 들어와서 발견하고, 경찰에 신고하는 거고요… 경찰 역을 맡은 동료들도 있어요. 아직 아무도 안 왔지만 모두 네 명이에요. 아까는 진짜 같은 상황에 제가 너무 열중한 나머지 신고하는 척만 한다는 게 정말로 신고를 해버리고, 아차 싶었을 때는 이미 여러분이 오셨고… 그런데 진짜 죽었다니… 설마 이런 일이 벌어질 줄 누가 알았겠어요."

진희는 말을 마치자마자 다시 울음을 터뜨렸다.

"아까 영천 씨가 통화한 내용, 혹시 기억하시나요?"

"들어오면서 들은 내용은 이랬어요. '아직 아무도 안 왔다, 아, 지금 진희가 왔다.' 그러고 나서 자기도 설마 방송국이 우리 극단 연극에 관심을 가질 줄은 몰랐다고 말했어요. 거기까지 듣고 전 나왔고요."

"영천 씨가 극단 단장인가요?"

"아니요. 남주인공이에요. 단장은 따로 있어요."

"그럼 이번 연극은 중단되겠군요. 남주인공이 사망했으니."

"그렇지는 않을 거예요. 사실 단장이 이번 연극을 매우 중요하게 생각하거든요. 이 연극을 계기로 방송국과 합작하게 될 수도 있어서… 그래서 주인공 선정도 엄청 신중히 했어요. 아마 영천이 죽었다는 걸 알면 안타까워하긴 하겠지만, 다시 주인공을 뽑아서 연극을 강행할 거예요. 그만큼 우리 극단을 알릴 중요한 기회거든요.

우리도 연극을 계속하게 될 거고요….”

약속했던 연극 연습 시간이 되자 나머지 네 명의 단원이 속속 도착했다.

“벌써 시작한 거야? 어? 이분들은 누구셔?”

“설마 방송국 분들인가? 연습 상황 보러 오신 거야? 야, 이거 영광인데!”

그중 한 사람이 과장된 몸짓으로 경찰에게 인사했다.

“다들 상황을 이해하지 못하시는군요.”

수사팀장이 고개를 저으며 영천이 사망한 사실을 알렸다.

“뭐라고요? 말도 안 돼. 연극 연습을 하려던 것뿐인데, 어떻게 이런 일이!”

깜짝 놀라 속사포처럼 말을 쏟아낸 이는 영모였다. 그 뒤를 이어 철규라는 단원이 조심스레 입을 열었다.

“혹시 다 같이 짜고 우리한테 장난치는 거 아냐? 아니에요?”

경관 한 사람이 눈살을 찌푸리며 대답했다.

“누가 이런 끔찍한 장난을 친답니까?”

“이게 대체 무슨 일이야! 조금만 일찍 왔으면 우리도 무슨 꼴을 당했을지 모르잖아.”

동희라고 자신을 소개한 단원이 한탄처럼 내뱉었다. 수사팀장이 무언가 말하려다 입을 꾹 다물었다. 그 사이 동희는 진희에게 다가가 작은 목소리로 물었다.

"민정이는 괜찮아?"

진희는 아무 대답도 못하고 눈물만 흘렸다. 그때, 탐문을 나갔던 경찰들이 돌아와서 조사 결과와 수집한 증거를 수사팀장에게 설명했다. 3시 20분쯤, 한 남자가 뒤쪽 골목 상점 근처의 공중전화에서 전화를 거는 모습이 목격됐다. 공중전화 부스 주변 땅과 아파트 계단 코너에서 똑같은 아스팔트 부스러기가 발견된 것을 볼 때 남자는 공중전화 부스에서 나와 계단으로 올라온 것으로 추측됐다. 또한 아파트에서 멀지 않은 빌딩의 입구 쓰레기통에서 피가 잔뜩 묻은 장갑과 칼집이 발견됐는데, 칼집의 크기는 흉기로 쓰인 칼의 날 길이와 일치했다.

수사팀장은 보고를 다 들은 후 그곳에 모인 사람들을 전부 조사했다. 진희와 동희의 신발 밑창에 아스팔트가 묻어 있었다. 팀장이 진희에게 물었다.

"뒷골목 길에 아스팔트를 새로 깔았던가요?"

"네, 그런 것 같았어요."

수사팀장이 씩 웃으며 말했다.

"범인은 밝혀졌습니다. 그는 바로 우리 중에 있어요."

범인은 누구일까?

수사팀장은 무엇을 근거로 범인을 확정했을까?

059 수상한 다잉 메시지

8월 20일 새벽, M시의 산에서 남성 시체가 발견됐다. 경찰 조사 결과 사망자는 P대학에서 고고학을 전공하는 대학원생 한동민으로 밝혀졌다. 지리적 형세를 봤을 때 산 중턱에서 유물 발굴 작업을 하다 실수로 굴러떨어져 사망한 것으로 보였다.

산 아래 마을의 촌장에 따르면 일주일 전, 강한 태풍 때문에 산사태가 일어나면서 산 중턱에 묻혀 있던 고대 유적이 드러났다고 했다. 이 사실이 알려지자마자 고고학자며 역사학자 등 관련 분야 전문가들이 몰려들었고, 본래 조용하고 찾는 이 없었던 마을은 금세 시끌벅적해졌다.

"우리 마을 사람들은 다 순박해서 절도 사건 한 번 없었어요. 하물며 사람이 죽다니요. 이런 일은 난생처음이에요. 그것도 그렇게 젊은 학생이 사고를 당하다니 참 안타깝네요."

촌장이 한숨을 쉬며 말했다. 하지만 시신을 검안한 검시관의 의견은 달랐다.

"이건 사고가 아닙니다."

촌장은 깜짝 놀라 숨을 들이켰지만 수사를 담당한 경찰은 한층 날카로워진 눈빛으로 물었다.

"사고가 아니라고요?"

"그렇습니다. 여기, 시신 왼편 바닥에 있는 글자 보이십니까?"

"아, 보여요. 혹시 죽기 전에 유언을 남긴 걸까요? 아니면 다잉 메시지?"

과연 시신의 왼편에는 '고'자로 보이는 흔적이 선명했다.

"정확한 사인은 부검을 해봐야 알겠지만 일단 초동검시 결과는 경추골절에 따른 사망으로 보입니다. 쉽게 말해 목이 부러져 죽은 거죠. 그런데 사람은 목이 부러지면 즉사합니다. 유언이든 다잉 메시지든, 이렇게 글씨를 쓸 틈이 전혀 없다는 말이죠."

"그럼 이 글씨는 다른 사람이 남겼다는 겁니까?"

"저는 그렇게 생각합니다. 또 한 가지, 시신의 왼손 중지의 굳은 살로 보아 피해자는 왼손잡이였습니다. 글씨도 사망자의 왼쪽에 쓰여 있지요. 즉, 글씨를 쓴 사람은 그가 왼손잡이라는 사실을 알고 있었습니다. 원래부터 사망자와 아는 사이라는 뜻이죠. 누가 글씨를 남겼건, 그 사람이 범인일 가능성이 큽니다."

경찰은 촌장에게 물었다.

"피해자에게 동행자가 있었습니까?"

"그건 저도 잘 몰라요. 하지만 외부 사람들이 우리 마을에 오면 묵는 작은 여관이 있으니까, 거기로 가보는 게 좋겠네요."

경찰은 일단 시신을 시립병원에 임시로 안치하고 곧장 피해자가 묵었다는 여관으로 향했다. 여관 숙박부를 확인해보니 피해자는 같은 대학원 동기인 고운중, 임해준과 함께 투숙한 것으로 밝혀졌다. 피해자 옆에 남겨진 글자가 '고'였기 때문에 경찰은 먼저 고운중을 불러 취조했다.

"동료인 한동민 씨가 산 계곡에서 사망한 채 발견됐습니다. 혹시 알고 계셨습니까?"

"도, 동민이가요? 설마… 진짜입니까?"

고운중은 눈을 동그랗게 뜨고 되물었다.

"한동민 씨가 언제쯤 여관을 나갔는지 아십니까?"

"어제 점심때쯤 나갔을 겁니다. 저녁이 되도록 돌아오지 않아서 무슨 일이 생긴 것 아닌가 걱정하기는 했지만 설마 정말 이런 일이 벌어질 줄은…."

고운중의 눈가가 금세 벌게졌다.

"왜 무슨 일이 생겼을지 모른다고 걱정하신 거죠? 그럴 만한 이유가 있나요?"

"아뇨, 그런 건 아니고… 평소 늦게 들어오는 친구가 아니었거든요."

"마지막으로 한동민 씨를 보신 건 언제입니까?"

"어제 점심에 나갈 때요. 그 이후로는 못 봤습니다."

"고운중 씨는 어제 저녁 8시에 어디 계셨습니까?"

"제 방에 있었습니다."

"증명하실 수 있나요?"

"글쎄요. 저 혼자 있었고, 딱히 만난 사람도 없어서요."

"동료가 또 있지 않나요? 그분이 증언해주실 수는 없나요?"

"그 친구도 어젯밤 11시가 다 되어서야 돌아와서…."

"알겠습니다. 혹시 최근 피해자와 갈등이 있었던 사람은 없었습니까?”

“제가 아는 바로는 없습니다. 워낙 서글서글하고 착한 친구여서 사람들과 부딪치는 일이 없었거든요. 아, 그런데 그저께 해준이랑 살짝 언성을 높인 일이 있었습니다. 동민이가 굉장히 가치 있는 유물을 발굴했는데 해준이 함께 연구하자고 제안했다가 거절당했거든요.”

다음으로 경찰은 임해준을 불러들여 조사했다.

“어제 저녁 8시경 어디 계셨습니까?”

“근처에서 산책을 했습니다.”

“증명해줄 사람이 있나요?”

“길에서 우연히 같은 여관에 묵는 인류학자를 마주쳤는데, 그 사람이 증언해줄 수 있을 겁니다.”

“마주쳤을 당시 상대에게 눈에 띄는 점은 없었나요?”

“손에 무언가를 들고 있었습니다. 하얀 색에 얄팍한 것이, 종이나 봉투 같았습니다.”

“듣자 하니 유물 연구 문제로 피해자와 언쟁이 있었다고요?”

“저만 그런 게 아닙니다. 게다가 동민이가 가치 있는 유물을 발견한 사실은 저 말고 제 동료와 그 인류학자도 알고 있었고요.”

“그 사람들도 같이 연구를 하자고 제의했었습니까?”

“인류학자가 그럴 생각이었다는 건 압니다.”

“알겠습니다. 일단 돌아가셔도 좋습니다. 협조 감사합니다.”

임해준이 나간 후 내내 자리에 함께 있었던 촌장이 경찰에게 말했다.

"그 인류학자라는 사람은 우리 마을에 온 지 벌써 몇 개월이나 됐습니다. 무슨 현장조사를 한다더군요."

경찰은 곧 인류학자를 소환했다.

"어젯밤에 밖에 나가셨다는데 맞습니까?"

"네, 신문사에 편지를 보내러 나갔었습니다. 그 고고학과 대학원생이 중요한 유물을 발견했다는 사실을 알리려고요."

"여관에는 몇 시쯤 돌아오셨습니까?"

"편지를 부치고 장거리 전화를 한 통 거느라 대략 8시 10분쯤 돌아왔습니다."

"혹시 오가는 길에 누군가를 만났습니까?"

"옆방에 묵는 학생이요. 7시 30분쯤이었는데, 제 뒤에서 걸어와 저를 앞질러 가더군요. 어디 가느냐고 물었는데, 서두르느라 그랬는지 못 들었는지 아무 대답이 없었습니다."

"그 대학원생들을 잘 아십니까?"

"아뇨, 그저께 처음으로 안면을 텄을 뿐입니다. 그날 밤 유물을 발견했다는 학생이 그걸 들고 제게 자문을 구하러 왔었거든요. 저는 그 유물이 분명히 가치 있지만 정확히 어느 시대의 것인지 알려면 기기로 연대분석을 해봐야 한다고 조언해줬습니다."

"같이 연구하고 싶다는 뜻을 내비치지는 않으셨고요?"

"그렇게 오래된 유물인데 당연하죠. 특히 우리처럼 이런 연구를 하는 사람이라면 누구나 그 유물에 관심을 보였을 겁니다."

"이들과 알게 된 지 얼마 되지 않았다고 하셨는데 혹시 이름은 다 아시나요?"

"유물을 가져왔던 학생이 한씨라는 것밖에 모릅니다. 나머지 두 명은 성도 모르고요."

"알겠습니다. 일단 돌아가 계십시오. 혹시 질문할 사항이 더 생기면 연락드리겠습니다."

"제 도움이 필요하면 얼마든지 연락주세요. 성심성의껏 협조하겠습니다."

"감사합니다. 선생님 덕분에 사건이 금방 해결될 것 같군요."

인류학자가 인사를 하고 나간 뒤, 촌장이 멀어지는 그의 뒷모습을 보며 의구심 가득한 목소리로 경찰에게 물었다.

"설마 누가 범인인지 벌써 아신 겁니까?"

경찰은 미소를 지으며 대답했다.

"촌장님도 곧 진상을 알게 되실 겁니다."

경찰이 범인으로 지목한 사람은 누구일까?

암흑 속의 사격

　세계적인 모델들이 대거 참여하는 패션쇼가 성황리에 개최됐다. 이 보기 드문 광경을 영상으로 남기기 위해 아마추어, 프로 사진작가는 물론 일반인들까지도 카메라를 들고 패션쇼장에 몰려들었다. 이번 행사가 더욱 관심을 모은 까닭은 바로 비키니 패션쇼였기 때문이다. 세계적인 모델들이 일류 디자이너가 만든 비키니를 입고 런웨이를 걷는다는 것만으로도 이미 쇼는 화제몰이를 하고 있었다. 열기가 너무 뜨거운 탓에 혹시 모를 안전사고를 예방하기 위해 주최 측이 입장 인원을 200여 명으로 제한할 정도였다.

　드디어 패션쇼가 시작됐다. 모델들은 번쩍이는 플래시 세례를 받으며 T 자형 무대 위를 당당하고 아름답게 누볐다. 쇼는 순조롭게 진행되어 세 번째 모델인 진미희가 무대에 올랐다. 그런데 그 순간, 실내가 갑자기 암흑에 휩싸였다. 조명이 모두 꺼진 것이다. 여기저기서 웅성거렸지만 관객 대부분은 이 역시 쇼의 일환이라고 생각하고 기다렸다. 일부는 카메라를 들어 불이 켜지는 순간 펼쳐질 결정적 장면을 찍으려고 준비했다. 불이 꺼지고 30초가량 흘렀을 때, 어디선가 '팡!' 하는 소리가 나더니 무대 위에서 무언가 우당탕했다. 그제야 다들 당황해하며 한마디씩 했다.

　"이게 무슨 소리지?"

　"조명이 터진 거 아냐?"

　"대체 뭐 하자는 거야?"

　볼멘소리가 점점 더 커졌지만 불은 여전히 켜지지 않았다. 무대 위의 상황을 아는 사람도 없었다.

　5분 후, 드디어 조명이 켜졌다. 그제야 사람들은 무대 위에서 피를 흘리고 쓰러져 있는 진미희를 보고 비명을 질렀다. 총에 맞은 것이 분명했다. 현장은 일순간 혼란에 빠졌고, 다들 앞다투어 바깥으로 뛰쳐나갔다.

　패션쇼장 밖에 있던 안전 요원들이 황급히 들어왔지만 어디에서도 범인으로 추정되는 사람을 발견할 수 없었다. 안전 요원들은 일단 건물을 봉쇄하고 경찰에 신고하는 동시에 현장에 있는 사람 전부를 몸수색했다. 그러나 아무에게서도 흉기가 발견되지 않았다. 아마도 범인은 어둠을 틈타 이미 현장에서 빠져나간 듯했다.

　현장에 도착한 경찰은 관계자와 관객을 대상으로 탐문 수사를 벌였다. 가장 큰 의문점은 한 치 앞도 볼 수 없는 상황에서 어떻게 피해자를 명중시켰냐는 점이었다. 아무리 뛰어난 명사수라고 해도 칠흑 같은 어둠 속에서 목표물을 맞히는 것이 과연 가능할까? 이 의문을 풀지 못하면 범인의 윤곽도 잡지 못할 것이 분명했다.

　경찰은 패션쇼장 출입 명단도 조사했지만 별다른 소득을 얻지 못했다. 모두가 곤혹스러워하고 있는 찰나, 경찰국장이 피해자의 몸에서 무언가를 발견하고 즉시 피해자의 주변 인물들을 조사하라는 명령을 내렸다. 특히 최근 일주일간 그녀와 접촉한 남자를 중점적으로 조사하라는 단서가 따라붙었다. 무언가 사건을 해결할 결정적인 단서를 찾은 듯했다.

조사 결과, 지난 일주일간 진미희와 긴밀하게 접촉한 남자는 총 세 명이었다. 첫 번째 남자는 양진구라는 극작가였다. 그는 원래 진미희와 결혼을 약속한 사이였으나 최근 진미희의 인지도가 급 상승하면서 관계가 소원해졌고, 결국 3일 전 크게 싸우고 헤어졌 다고 했다. 그는 사격클럽 회원이기도 했다.

두 번째 남자인 전준호는 방송국 PD로, 모델로는 유명하지만 인지도는 낮았던 진미희를 프로그램에 적극 출연시켜서 그녀가 대중적 인기를 얻는 데 결정적 공헌을 했다. 그러나 나중에 거액의 도박 빚과 약물중독이 있음을 진미희에게 들키면서 갈등을 겪었 다. 어쩌면 자신의 문제를 덮기 위해 그녀를 살해했을지도 모를 일 이었다.

마지막으로 김대균은 한 화장품 회사의 홍보 담당자였다. 자사 의 샴푸 모델로 진미희를 기용한 것을 계기로 한때 그녀와 깊은 사 이가 됐지만 회장의 딸과 혼담 이야기가 오가면서 진미희와 헤어진 상태였다. 진미희는 위로금으로 거액을 요구했지만 거절당했다.

경찰은 조사 결과를 토대로 용의자를 확정했고 결국 법의 심판 을 받게 했다. 경찰국장이 발견한 결정적 증거는 무엇일까? 범인 은 어떻게 어둠 속에서 정확하게 피해자를 맞힐 수 있었을까?

061 범인의 전화

저녁 7시 50분을 막 넘긴 시각, 살인 사건 신고가 들어왔다. 피해자의 이름은 왕해진. 그의 사망 소식을 접한 동료들은 경악을 금치 못했다. 불과 1시간 전까지 함께 회의를 했기 때문이다. 왕해진이 사망하기 전까지의 상황을 동료들은 이렇게 진술했다.

사건 당일 저녁 7시, 왕해진은 시의원 후보 임창명, 비서실장 장영재와 경선 전략 회의를 진행했다. 회의를 마친 후 헤어지기 전에 장영재는 왕해진과 대화를 나눴다.

"영재, 바로 집에 가나?"

"응. 회의도 잘 끝났고, 고민하던 부분도 얼추 해결됐으니 이제 집에 가서 마나님 비위 좀 맞춰야지."

해진의 물음에 영재는 반쯤 농을 섞어 대답했다.

"그러지 말고 조금만 기다렸다가 나랑 같이 옛날 친구를 만나는 게 어때?"

"옛날 친구? 누구 말이야?"

"아주 오랫동안 못 만났던 친구야. 누군지 상상도 못할걸?"

"우리 둘 다 아는 친구?"

"물론이지. 누군지 알면 놀라서 까무러칠지도 몰라."

"야, 스무고개 그만하고 그냥 말해. 누군데?"

"김봉식! 어때, 상상도 못했지?"

"봉식이라고? 정말이야?"

영재는 깜짝 놀라 눈을 동그랗게 떴다. 벌써 20년 넘게 연락이 끊긴 친구다.

　장영재와 왕해진, 김봉식은 초등학교 동창이자 죽마고우이다. 이들은 또 다른 친구인 하정길과 함께 4인방으로 불릴 정도로 절친했다. 학교가 끝나자마자 가방을 던져두고 넷이서 산으로, 들로 놀러 다니던 그 시절을 떠올리면 아직도 가슴이 따스해지고 코끝이 시큰거렸다. 하지만 대학을 졸업하고 도시로 나온 영재와 해진, 정길과 달리 봉식은 고향에 남았다. 과수원 농사를 지으며 평생 농부로 사는 것이 그의 꿈이었다. 봉식은 정신없이 빠르게 변하는 도시 생활이 체질에 맞지 않는다고 했다.

　그들의 고향으로 말할 것 같으면 요즘 세상에 보기 드문 산간벽지였다. 수도도 도시가스도 들어오지 않았고, 심지어 전화도 이장집에 한 대 있는 것이 전부였다. 가장 가까운 학교가 10여 리 밖에 있었고, 경찰서며 관공서는 그보다 훨씬 더 멀었다. 지금이야 그때보다 나아졌다지만 여전히 편벽하고 동떨어진 산골 마을 수준이었다. 상황이 이렇다 보니 영재가 봉식과 20년 넘게 연락을 못한 것도, 그의 이름을 듣고 그토록 놀란 것도 당연했다.

　"정길이한테는 연락했어? 봉식이 온다고?"

　영재가 묻자 해진은 고개를 저었다.

　"나 정길이랑 연락 안 한 지 오래된 거 알잖아."

　"이제 그만하지 그러냐. 고향 친구에 죽마고우, 심지어 일로도 연결되어 있는데 언제까지 서로 모르는 척하고 지낼래? 예전에 껄끄러웠던 일, 이제 풀 때도 되지 않았냐?"

"아, 몰라. 그 녀석 얘기는 그만해. 아무튼 너 어떻게 할래? 좀 기다렸다가 봉식이 같이 만나자. 일곱 시 반이면 도착한다고 했어. 같이 술 한잔하자고."

"나도 그러고 싶은데 오늘 밤은 정말 바빠. 내일 아침 출근하자마자 보고할 게 있어서 오늘 밤에 집에 가서 정리해야 되거든. 내일 만나자. 봉식이 오늘 왔다가 바로 갈 건 아니지?"

"그럴 거야. 만나면 며칠 더 있다 가라고 할게."

"좋아. 그럼 나 먼저 간다."

대화를 마치고 장영재는 총총히 사무실을 나와 집으로 향했다.

그 이후 왕해진을 본 사람은 임창명이었다. 사무실 책상 앞에서 열심히 일하는 해진을 본 창명이 해진에게 말을 걸었다.

"아직 안 가고 뭐 하나?"

"고향 친구가 온다고 해서요. 그때까지 밀린 일 좀 처리하고 있으려고요."

"아, 그래? 마침 나도 할 일이 좀 남았다네. 야근 동지가 생겼군."

7시 30분쯤 됐을 때, 김봉식이 기차역에서 공중전화로 왕해진에게 전화를 걸어왔다.

"기차가 연착돼서 이제야 역에 도착했어. 조금만 더 기다려, 택시 타고 금방 갈게."

해진이 미처 뭐라도 대답하기도 전에 전화가 뚝 끊겼다. 해진은 고개를 절레절레 젓고 쓴웃음을 지으며 수화기를 내려놨다. 임창명이 무슨 일인지 묻자 그는 약간 불만 어린 투로 말했다.

"고향 친구인데 전화 예절이 없다고나 할까, 인사도 없고 여보세요도 없네요. 전화를 많이 안 써봐서 그런가 봅니다."

5분 후, 전화벨이 다시 울렸다. 전화를 받은 해진은 적잖이 놀랐다. 전화를 걸어온 상대가 하정길이었기 때문이다. 정길이 해진에게 2천만 원을 빌렸다가 갚지 않은 이후로 두 사람은 이미 오랫동안 연락이 끊긴 상태였다. 정길은 이번 시의원 경선에서 자신이 도울 일은 없는지 물어보려 전화했다고 말했다. 그를 지금 직장에 추천해준 사람이 시의원 후보인 임창명이니, 아주 뜬금없는 일은 아니었다. 비록 서로 껄끄러운 일이 있기는 했지만 오랜 친구 사이인 터라 두 사람은 어렵지 않게 대화를 나눌 수 있었다. 그러다 해진이 자연스럽게 봉식의 소식을 전하며 함께 만나지 않겠느냐고 물었다.

"봉식이는 아마 8시쯤 올 것 같아. 네 회사에서 우리 사무실까지 5분밖에 안 걸리니까 일 마무리하고 넘어오면 충분히 만날 수 있을 것 같은데?"

"나도 정말 그러고 싶지만 아쉽게도 오늘은 선약이 있어. 봉식이한테 내 대신 안부 좀 전해줘."

"그래. 안 되면 어쩔 수 없지."

두 사람은 몇 마디를 더 나눈 뒤 전화를 끊었다.

7시 50분이 되어 가는 시각, 전화벨이 또 울렸다. 마침 해진은 휴대전화로 다른 사람과 통화 중이었기 때문에 임창명이 대신 그의 자리로 가서 전화를 받았다.

"임창명 선거사무실입니다. 누구를 찾으시나요?"

"여보세요. 실례합니다만 왕해진 씨 자리에 계십니까?"

"지금 통화 중입니다. 누구라고 전해드릴까요?"

"아, 저는…."

거기서 갑자기 전화가 뚝 끊겼다. 하지만 창명은 그가 해진이 오늘 만나기로 한 고향 친구일 것이라고 짐작했다. 사투리 섞인 말투가 해진과 똑같았기 때문이다.

"고향 친구가 전화를 한 것 같은데?"

"아, 도착했나 보네요. 제가 나가보겠습니다."

마침 통화를 마친 해진이 종종걸음으로 사무실을 나갔다. 그런데 그가 나가고 채 1분도 되지 않아 복도에 끔찍한 비명 소리가 울려 퍼졌다. 창명은 즉시 사무실을 뛰쳐나와 소리가 난 곳으로 달려갔다. 복도 끝 모퉁이에 해진이 쓰러져 있었다. 가슴 한복판에 칼이 꽂혀 있고, 흘러나온 피로 바닥은 벌써 붉게 물들어 있었다. 한눈에 보아도 이미 숨이 끊어진 듯했다.

창명은 즉시 신고했고 경찰이 곧 현장에 도착했다. 뒤이어 봉식도 나타났다.

경찰이 신원을 묻자 봉식은 참담한 표정으로 대답했다.

"저는 해진이 고향 친구입니다. 오늘 같이 저녁을 먹기로 약속 했고요. 여기 사무실에서 만나서 같이 나가기로 했는데… 이런 일 이 벌어지다니 믿을 수가 없네요. 겨우 30분 전에 통화한 사람이 갑자기 죽었다니요!"

봉식의 말에 창명은 고개를 갸웃거렸다. 10분 전에 전화를 건 사람이 봉식이라고 생각했는데, 봉식은 30분 전에 전화한 게 전부 인 것처럼 말했기 때문이다. 창명이 조심스레 봉식에게 물었다.

"30분 전에 전화한 것이 마지막인가요?"

"네. 원래 7시에 만나기로 했는데 기차가 30분 가까이 연착하는 바람에 이제야 도착한 겁니다."

창명은 자신이 느낀 의문점을 몰래 경찰에게 알렸다. 그의 진술 에 따라 경찰은 일단 봉식을 구금했다. 봉식이 아무리 아니라고 해 명해도 혐의점이 있는 이상 신변을 확보해야 하기 때문이다.

그 후에도 경찰은 지속적인 조사를 벌였고, 하정길과 장영재가 잇달아 수사선상에 올랐다. 알고 보니 김봉식과 하정길, 장영재 모 두 피해자와 크고 작은 불화가 있었다. 김봉식의 경우, 현재 가출 중인 아내가 과거에 왕해진과 연인 사이였다. 이번에 도시까지 나 온 것도 아내가 집을 나간 뒤 해진을 찾아갔을지 모른다는 의심 때 문이었다. 만약 그렇다면 그에게는 해진을 살해할 만한 동기가 있 는 셈이었다. 장영재는 예전에 왕해진과 술기운에 크게 싸운 적이 있었다. 비록 지금은 서로 화해하고 잘 지내고 있는 듯 보이지만 속으로는 여전히 앙심을 품고 있을 가능성도 배제할 수 없었다. 마지막으로 하정길은 왕해진에게 2천만 원을 빌렸다 갚지 않은 일로 관계가 심각하게 나빠진 상태였다. 결국 세 사람 모두 살해 동기가 있는 셈이다.

경찰은 장영재와 하정길을 소환했다. 먼저 조사를 받은 사람은 장영재였다.

"그날 피해자와 몇 시쯤 헤어졌습니까?"

"저녁 7시였을 겁니다."

"헤어지기 전에 어떤 대화를 나누었나요?"

"오랜 친구이자 동창인 김봉식이 온다고 했습니다. 같이 기다렸다가 한잔하지 않겠냐고 하더군요. 그런데 하필 급하게 할 일이 있어서 거절하고, 다음에 같이 보자고 했지요. 해진이도 알겠다고 했습니다."

"그 후에 왕해진 씨에게 전화를 건 적이 있습니까?"

"없습니다. 집에 돌아가자마자 곧바로 일을 시작해서 전화할 겨를도 없었고요."

"알겠습니다. 일단 돌아가셔도 좋습니다."

다음으로 경찰은 하정길과 마주앉았다.

"2천만 원을 빌리고 갚지 않은 일로 피해자와 오랫동안 연락이 끊겼다고 들었습니다. 사실입니까?"

"네, 사실입니다."

"그런데 그날은 갑자기 왜 전화를 했습니까?"

"제가 예전에 큰 신세를 진 임 선생님께서 이번 시의원 선거에 출마했기 때문입니다. 조금이라도 힘을 보태고 싶은 마음에 껄끄러움을 무릅쓰고 해진에게 연락했습니다. 해진이 선거운동 총괄자라고 들었거든요."

"선거 말고 또 무슨 이야기를 나누었습니까?"

"고향 친구가 온다더군요. 8시쯤 도착할 텐데 같이 만나지 않겠냐고 했습니다. 전 일 때문에 거절했고요."

"알겠습니다. 협조 감사합니다."

하정길까지 심문을 마친 후, 경찰은 세 사람 중 한 사람을 범인으로 지목했다.

경찰이 지목한 범인은 누구이며, 근거는 무엇일까?

062 삶과 죽음을 가르는 시험

파나스는 신출귀몰한 도둑으로, 주로 골동품을 훔쳤다. 재주가 어찌나 좋은지 평범한 골동품 가게뿐만 아니라 경비가 삼엄한 전시회에서도 값나가는 물건들을 훔쳐낼 정도였다. 그러던 어느 날, 파나스는 한 고대 유물 전시회에서 보물지도 한 장을 훔쳤다. 지도가 이끄는 대로 뮌헨까지 간 그는 마침내 신비롭고 오래된 토굴에 발을 들이게 됐다. 토굴 바닥에는 이상하게 생긴 상자가 두 개 놓여 있었는데 그 사이에 먼지가 잔뜩 앉은 종이 한 장이 떨어져 있었다. 파나스는 종이를 주워 읽어보고는 그만 새파랗게 질려버렸다.

'마법 세계에 온 것을 환영한다. 축하해야 할지, 위로해야 할지는 아직 모르겠지만. 왜냐하면 이곳에 발을 들여놓은 순간, 당신은 두 가지 선택밖에 할 수 없기 때문이다. 문제를 풀고 진귀한 보물을 챙겨 살아 나가든가, 문제를 풀지 못하고 이곳에 산 채로 매장되든가!'

종이에는 소름 돋는 경고문과 함께 문제가 적혀 있었다.

'상자 두 개 중 진짜 보물이 들어 있는 상자를 찾아라. 상자에 적힌 글을 보고 비밀을 풀면 진짜 보물이 어느 상자에 들어 있는지 알 수 있다.'

파나스는 황급히 상자를 확인했다. 왼쪽 상자 뚜껑에는 이런 글이 새겨져 있었다.

'오른쪽 상자에 적힌 글은 거짓이며, 보물은 모두 오른쪽 상자에 있다.'

오른쪽 상자에는 이렇게 적혀 있었다.

'왼쪽 상자의 글은 참이며, 보물은 모두 왼쪽 상자에 있다.'

파나스의 등줄기에 식은땀이 흘러내렸다. 과연 진짜 보물이 담긴 상자는 어느 쪽일까?

063 절묘한 원격조종

어느 여름밤, 휘영청 밝은 달빛이 교외의 푸른 들판을 적셨다. 들판 한가운데에는 한창 건축 중인 빌딩이 철골을 드러낸 채 우뚝 솟아 있었다. 대략 20층 정도 되는 높은 빌딩이었다. 빌딩에서 멀지 않은 곳에는 아담한 2층짜리 가건물이 있는데 홍보관 겸 사무실로 쓰이는 공간으로 1층에는 전시실과 홍보부스가, 2층에는 사무실이 있었다.

인부들이 모두 퇴근해 풀벌레 우는 소리밖에 들리지 않는 공사장과 달리 가건물 2층은 아직도 불이 환했다. 큼지막하게 뚫린 창문 너머로 건축설계를 맡은 사무소 직원들이 바삐 움직이는 모습이 보였다. 몇몇은 테이블 위의 도면을 보며 열띤 토론 중이었고, 몇몇은 진지한 표정으로 장부를 들여다보고 있었으며, 그 옆에서는 영수증 정리가 한창이었다.

각자 일에 열중한 사람들 사이에서도 눈에 띄는 남자가 있었다. 훤칠한 체격으로 사무실 곳곳을 누비며 무언가를 지시하고 그 사이사이에 잠깐씩 고개를 숙이고 깊은 생각에 잠기는 남자는 바로 공사 책임자인 현 주임이었다. 그는 워낙 신중하고 명철하며 책임감이 강해서 서른다섯이라는 젊은 나이에도 부하 직원들의 신임을 한 몸에 받았다.

바쁜 때가 지나가고 어느 정도 일이 정리되자 현 주임은 개인적인 일을 처리하기 위해 사무실 구석에 따로 마련된 주임실로 들어가 문을 닫았다. 몇 분 후, 갑자기 '탕!' 하는 굉음이 사무실을 울렸다. 소리의 근원지는 건설 중인 빌딩이었다. 그와 동시에 주임실 안에서 짧은 비명이 터져 나왔다. 직원들은 갑작스러운 상황에 깜짝 놀라 우왕좌왕했다. 몇몇은 황급히 주임실로 달려갔고, 몇몇은 창으로 가서 굉음이 들려온 빌딩 쪽을 쳐다봤다. 벌써 전화기를 들고 경찰과 구급차를 부르는 직원도 있었다.

주임실로 뛰어간 직원들은 눈앞의 광경에 얼어붙고 말았다. 현 주임이 책상 위에 엎드린 채 죽어 있었던 것이다. 하얀 셔츠는 피로 붉게 물들었고 재떨이며 전화기, 서류 따위가 책상 주변에 어지러이 떨어져 있었다. 현 주임이 등지고 있던 커다란 창은 작은 총탄 구멍을 중심으로 유리에 금이 가 있었다. 현 주임은 창밖에서 날아온 총탄에 맞은 것이 분명했다. 현 주임과 총탄 구멍을 일직선으로 이은 끝에는 공사 중인 빌딩이 있었다.

경찰은 현 주임의 사망을 확인하자마자 현장을 봉쇄했다. 그리고 현장 상황과 직원들의 증언을 취합한 뒤, 범인이 공사 중인 빌딩에서 총을 쐈다고 확신하고 즉시 빌딩 전체를 샅샅이 조사했다. 그 결과 빌딩 1층에서 엽총 한 자루와 범인의 것으로 보이는 발자국 몇 개를 발견했다. 발자국이 움직인 방향으로 보아 범인은 범행을 저지른 후 사무실 반대 방향으로 도망친 듯했다. 실제로 그쪽 방향으로 수색해 나가던 경찰이 멀지 않은 곳에서 장갑 한 켤레를 발견했는데, 조사해보니 표면에서 화약 반응이 나왔다. 범인이 범행에 사용한 후 도주 중에 버린 것으로 보였다.

총성을 들은 즉시 창밖을 내다봤던 직원들은 빌딩에서 도망치는 사람도, 이상한 움직임도 보지 못했다고 증언했다. 그런데 한 사람, 범인으로 추정되는 그림자를 봤다는 이가 있었다. 사건 당시 빌딩 바로 옆 자재 창고에 있던 관리원 한씨였다. 그는 총성을 듣고 뛰어나오는 길에 수상한 그림자가 사무실 반대편으로 달려가는 것을 보았다고 했다. 50세 전후인 한씨는 형사에게 참고인 조사를 받는 내내 초조하고 불안한 모습이었다.

"사건이 벌어졌을 당시에 무얼 하고 있었습니까?"

"창고에서 자재 정리를 했습니다. 그러다 총소리를 듣고 뛰어나왔는데, 그런 일이…."

"듣자 하니 예전에 자재를 몰래 빼돌려 팔다가 현 주임에게 발각되었다면서요? 사실입니까?"

"그, 그건 오래전 일입니다. 게다가 현 주임이 회사에 폭로하지 않고 조용히 처리해줘서 오히려 감사해하고 있고요."

"폭로하지 않았으니까 아예 입을 못 열게 하려고 죽인 것 아닙니까? 후환을 없애려고 말이죠."

형사가 날카롭게 추궁하자 한씨가 눈을 등잔만 하게 떴다.

"말도 안 됩니다! 그게 무슨…."

한씨는 손을 벌벌 떨며 애써 해명했다.

"창고를 보면 아시겠지만 창마다 철창이 설치되어 있습니다. 하나뿐인 출입문 앞에는 다른 경비원이 있었고요. 그런데 창고 안에 있던 제가 어떻게 빌딩으로 가서 총을 쏠 수 있겠습니까?"

그 말을 들은 새내기 형사가 선배 형사에게 귓속말을 했다.

"그 경비원도 총소리가 났을 때 한씨가 창고 안에 있었다고 진술했습니다. 한씨 말이 맞는 거 아닐까요?"

"반드시 빌딩에 직접 가야만 범죄를 저지를 수 있는 건 아냐. 어쩌면 다른 곳에서 범행을 조작했는지도 모르지. 어젯밤은 달빛이 밝아서 별다른 조명 없이도 시야가 충분히 확보됐어. 범인은 분명히 근처에 은닉하고 있었을 테고. 아니면…."

선배 형사의 말을 들은 한씨가 힘껏 고개를 저었다.

"전 빌딩 근처에도 가지 않았습니다! 또 총소리가 들린 후에 누가 도망가는 걸 봤다니까요!"

"정작 2층 사무실에서 내려다본 직원들은 아무것도 못 봤다는데, 평지에 있던 선생님이 어떻게 사람 그림자를 봤습니까? 시야도 더 좁은데 말이죠. 이상하지 않습니까?"

"어, 어쨌든 난 정말 죽이지 않았어요!"

"범인들은 대개 다 그렇게 말하더군요, 난 안 그랬다고."

"증거도 없이 애먼 사람을 범인으로 몰아도 됩니까? 이게 경찰이 할 짓이에요?"

버럭 화를 내는 한씨의 코앞에 형사가 작은 전선 토막을 내밀었다.

"엽총 옆에서 찾은 겁니다. 당신은 이걸 이용해서 총을 발사시켰어요, 안 그렇습니까?"

"아니…."

"빌딩에 있지도 않았는데 어떻게 피해자를 조준했겠습니까?"

새내기 형사가 여전히 감을 잡지 못한 채 물었다.

"그건 이 사람의 입으로 직접 듣기로 하세."

선배 형사는 날카로운 눈빛으로 한씨를 바라보았다. 자신의 트릭이 간파당했음을 깨달은 한씨는 결국 범행을 인정했다.

한씨는 빌딩에 단 한 발짝도 들이지 않고 어떻게 피해자에게 총을 쐈을까?

064 어느 가장의 죽음

평범한 중년 남성 주씨가 자신의 집 거실에서 목이 졸려 숨진 채 발견됐다. 처음 발견한 사람은 가사도우미인 윤이었다.

사건 당일, 윤은 아침 7시쯤 주씨의 집에 도착해 벨을 눌렀다. 평소에는 일찍 일어나는 주씨가 곧바로 문을 열어주는데, 어쩐 일인지 벨을 몇 번이나 눌러도 답이 없었다. 윤은 할 수 없이 가지고 있던 보조키로 문을 열고 집 안으로 들어갔다. 처음에는 아무런 이상도 느끼지 못했다. 평소와 같이 모든 것이 제자리에 있었기 때문이다. 늘 하던 대로 청소기를 꺼내 들고 거실로 들어간 윤은 그제야 바닥에 누워 있는 주씨를 발견했다. 윤은 주씨가 지난밤에 술을 지나치게 마시고 거실에 누워서 잠들었다고 생각했다. 윤은 주씨를 깨우려고 가까이 다가갔다. 그때, 주씨의 목에 칭칭 감긴 밧줄이 눈에 들어왔다. 화들짝 놀라 살짝 몸을 만져보니 얼음장처럼 차가웠다. 이미 숨이 끊어진 것이다. 그 사실을 깨닫자마자 윤은 비명을 지르며 집 밖으로 뛰쳐나와 남편에게 이 사실을 알리고, 곧장 경찰에 신고했다.

경찰은 현장 감식을 진행하는 동시에 피해자와 주변인 조사에 착수했다. 안타깝게도 현장에서는 별다른 단서가 나오지 않았다. 가구며 집기 모두 제자리에 가지런히 정돈되어 있고, 심지어 시신이 발견된 거실에도 몸싸움을 벌인 흔적이 전혀 없었다. 초동수사를 통해 알게 된 사실은 범인이 면식범일 가능성이 높다는 것과 사망 시각이 전날 저녁 10시경이라는 것뿐이었다. 초동검시 결과 피해자의 목에서 액흔이 두 줄 발견됐으며 사인은 액사, 즉 목이 졸려 죽은 것으로 판명됐다.

경찰이 조사한 바에 따르면 사망한 주씨는 무역 회사를 운영했는데 최근 자금난이 심각했다. 부채도 적지 않았고, 담보물 부족으로 은행 대출 역시 거절당한 상황이었다. 게다가 주씨의 아내는 지난주에 교통사고를 당해서 현재 병원에 입원 중이었다.

주씨의 자녀는 4명으로, 모두 독립한 지 오래였다. 장남 주자철(36세)은 공무원이고 두 명의 자녀가 있었다. 장녀 주자윤(33세)은 가정주부이며, 금융 회사를 다니는 차남 주자훈(29세)은 얼마 전 첫 자녀를 얻었다. 마지막으로 삼남인 주자현(26세)은 보험설계사였다. 현장 상황으로 보아 면식범의 소행이 분명하다는 판단 아래 경찰은 주씨의 자녀들도 수사선상에 올렸다. 경찰 조사에서 밝혀진 자녀들의 사건 당시 행적은 다음과 같다.

장남은 사건 당일 저녁 동료들과 카드 게임을 하고 11시쯤 집에 돌아왔다. 동료들은 그와 10시에 헤어졌다고 진술했으니 한 시간의 공백이 있는 셈이다. 장남의 주장에 따르면 귀갓길에 패스트푸드점에 들러 야식을 먹었다고 했다. 하지만 해당 패스트푸드점 직원은 그 시간에 손님이 너무 많았던 탓에 그를 기억하지 못했다.

장녀는 입원한 어머니 곁에 있다가 저녁 10시가 넘어서야 돌아갔기 때문에 용의선상에서 제외됐다.

차남은 혼자 영화관에 영화를 보러 갔다고 진술했다. 알리바이를 증명해줄 증인은 없었다.

삼남은 자신의 고객 몇 명과 만나 술을 마셨다고 했다. 그러나 한꺼번에 만난 것이 아니라 이 사람이 간 뒤에 저 사람이 오는 식으로 만났기 때문에 중간에 비는 시간이 있는데, 이 시간에 대한 알리바이는 제시하지 못했다.

담당 수사관이 한참 수사에 골머리를 앓고 있는데 보험 회사에서 손해사정사가 경찰서를 찾아왔다. 주씨의 정확한 사인을 알기 위해서였다. 알고 보니 주씨가 생전에 거액의 종신보험을 들었던 것이다.

"보험에 가입한 게 정확히 언제입니까?"

"한 달 반 전쯤입니다."

"보험금액이 얼마나 됩니까?"

"병사나 자연사 같은 일반사일 경우에는 5억이지만 사고사라면 10억입니다. 여기에는 물론 범죄로 인한 사망도 해당되고요. 그래서 정확한 사망 원인을 아는 게 매우 중요합니다."

"만약 자살이라면요?"

"자살할 경우, 약관에 따라 보험금은 받지 못합니다."

"일단 초동수사에서는 타인에 의해 목이 졸려 사망한 것으로 보이니 사고사에 해당하겠군요."

"그렇겠죠."

"하지만 부검 결과가 나와야 사인을 확정할 수 있습니다. 그러니 며칠 후에 다시 한 번 와주십시오. 연락 드리겠습니다."

"감사합니다. 그럼 다음에 뵙겠습니다."

일주일 후 부검 결과가 나왔다. 사인은 경부 압박에 의한 경추 골절로 초동검시 결과와 같았지만 목에 남은 액흔 두 줄 중 한 줄이 사후에 생겼다는 사실이 새롭게 밝혀졌다. 범인이 피해자를 목 졸라 살해한 후 죽은 사람의 목을 또 한 번 졸랐다는 셈인데, 상식적으로 이해할 수 있는 정황은 아니었다. 대체 범인의 의도는 무엇이었을까? 수사에 혼선을 주려던 것일까?

마침 부검 결과가 나왔다는 소식을 들은 손해사정사가 다시 경찰서를 방문했다. 담당 수사관은 지난번 묻지 못한 사항을 확인했다.

"보험 수혜자는 누구로 되어 있습니까?"

"주씨의 부인입니다."

"이 사실을 주씨의 부인도 알고 있나요?"

"그것까지는 저도 모릅니다. 하지만 보험 계약을 체결할 당시, 주씨가 다른 사람에게는 비밀로 하고 싶다고 했다더군요."

"그래요?"

담당 수사관은 무언가 잠시 생각하다가 검시관에게 주씨의 죽음이 자살일 가능성에 대해 물었다.

"액흔이 한 줄이었다면 자살일 수도 있겠죠. 하지만 주씨의 목에는 사후에 생긴 액흔이 한 줄 더 있었습니다. 죽은 사람이 자기 목을 다시 맬 수는 없을 테니, 자살이 아닌 거죠."

"아니, 꼭 그렇지도 않습니다."

담당 수사관이 확신에 찬 목소리로 말했다. 검시관은 고개를 갸웃거렸다.

"설마 죽은 사람이 다시 살아나서 자기 목을 또 맸다고 하실 건 아니죠?"

"물론 아닙니다."

"그럼 꼭 그렇지도 않다는 게 무슨 뜻입니까?"

담당 수사관은 그 말에 대답하기 전에 먼저 부하 경찰에게 주씨의 삼남인 주자현을 잡아 오라고 지시했다.

대체 어찌 된 일일까?

065 기지 넘치는 신고

블레이크 형사는 개인적인 용무로 시내의 A 호텔을 찾았다. 약속 시간보다 일찍 호텔 바에 도착해 한쪽에 자리를 잡고 앉았는데, 바로 옆 테이블에서 거나하게 술판을 벌이고 있는 한 패거리가 그의 신경을 건드렸다. 어째서인지 패거리의 면면이 낯설지 않았다. 블레이크는 열심히 머릿속을 뒤진 끝에 며칠 전 인터폴에서 보내온 협조 공문에서 이들을 본 것을 떠올렸다. 국제적으로 활개를 친다는 밀수범들이 분명했다.

다행히 밀수범들은 블레이크가 누군지 꿈에도 알지 못했다. 블레이크는 당장 지원 병력을 부르려 했지만 테이블 간 거리가 너무 가까워서 통화 내용이 고스란히 들릴 위험이 있었다. 그렇다고 자리를 뜨자니, 그 사이에 밀수범들이 어디론가 가버릴지도 몰랐다. 잠시 고민하던 블레이크는 금방 좋은 수를 떠올렸다. 그는 경찰서 번호를 누르고 여자 친구와 통화하는 척했다. 옆 테이블의 밀수범들이 들은 블레이크의 통화 내용은 이러했다.

"해나! 나야, 블레이크. 어제 약속 못 지켜서 미안해. 몸이 갑자기 안 좋아서 말이야. 지금은 많이 좋아졌어. 나 지금 A 호텔에 와 있어. 원래 어제 우리의 목표물이 이 호텔 뷔페였잖아. 실컷 먹고 나랑 함께 있자. 가능한 한 빨리 와줘. 내가 사과의 의미로 뷔페뿐만 아니라 디저트까지 제대로 살게. 올 거지? 그럼 기다린다. 화 풀어, 제발. 응? 기다릴게!"

통화하는 내내 블레이크는 두 손으로 휴대전화를 공손히 부여

잡고 연신 고개까지 숙였다. 그 모습을 본 밀수범들은 한심하다는 듯 코웃음을 쳤다. 그러나 5분 후, 무장한 경찰 병력이 들이닥쳤고 밀수범들은 그 자리에서 모두 체포됐다.

대체 블레이크는 경찰에게 어떻게 정보를 전달한 것일까?

가스중독 살인 사건

일요일 오전, 어느 제조 회사의 2층짜리 직원 기숙사 아파트에서 사망 사고가 일어났다. 사망자는 1층에 사는 김종운으로, 다음 주 결혼을 앞둔 상황에서 변을 당해 주변에 안타까움을 더했다. 최초 발견자인 송우림은 현장에 도착한 경찰에게 다음과 같이 진술했다.

"아침에 일어나자마자 종운이에게 뭔가 도와줄 일이 없느냐고 물으러 갔습니다. 오늘이 이사 가는 날이었거든요. 다음 주가 결혼식이고 하니, 미리 신혼집에 들어간다고⋯ 그런데 아무리 문을 두드려도 대답이 없었습니다. 문은 잠겨 있었고요. 무슨 일이 있나 싶어 문에 귀를 대봤는데, 틈새로 가스 냄새가 나는 게 아닙니까? 놀라서 마스터키를 받으려고 관리실로 달려갔는데 관리인이 없었습니다. 하는 수 없이 동료 몇을 불러서 베란다 쪽 창문을 깨고 안으로 들어갔는데, 보니까 이미 축 늘어져 있더라고요. 바로 가스 밸브를 잠그고 환기를 한 뒤 구급차를 불렀는데 구급 대원이 와서 하는 말이 사망한 지 벌써 몇 시간 됐다고⋯ 그래서 병원으로 호송하는 건 포기하고 경찰에 연락한 겁니다."

송우림과 함께 창을 깨고 들어갔다는 동료는 이렇게 말했다.

"오늘 이사 간다고 해서 어젯밤에 결혼 축하도 할 겸 송별회로 종운 씨 집에서 술자리를 가졌습니다. 그런데 이런 일이 생기다니 믿기지가 않네요."

"혹시 어제 술자리에서 가스레인지로 물을 끓였습니까?"

"아뇨. 어쩌면 종운 씨가 술김에 물을 올렸다가 깜빡하고 잠들었는지도 모릅니다. 어제 꽤 마셨거든요. 그 바람에 변을 당한 게 아닌지…."

현장 증거 역시 이들의 진술을 뒷받침했다. 부엌 가스레인지 위에는 주전자가 놓여 있고 주변에 물이 튄 흔적이 있었다. 물이 끓어 넘치면서 가스 불을 꺼뜨렸고, 그 이후로 가스가 계속 새 사고가 난 것으로 보였다. 사망자에게서 별다른 외상이나 타살의 흔적이 발견되지 않은 점도 사고라는 추측에 힘을 실어줬다.

"약혼자에게 연락은 갔나요?"

"네, 제가 연락했습니다."

송우림이 대답했다.

"알겠습니다. 또 이런 사고가 생기지 않도록 주의해주세요. 술도 너무 많이 마시지 마시고요."

경찰은 몇 마디 당부를 남긴 후 현장에서 철수했다.

다음 날, 담당 수사관이 한창 서류 작업을 하고 사건을 종결하려는데 기숙사 아파트 관리인이 찾아와 중요한 이야기를 했다.

"오늘 출근했더니 김종운 씨가 가스중독으로 죽었다고 하더군요. 그런데 아무래도 이상해서요. 왜냐하면 지난주 금요일에 김씨가 분명히 가스가 떨어졌다고 했단 말입니다. 우리 아파트는 각 호수마다 개별적으로 프로판가스통을 쓰거든요. 어차피 일요일 날 이사 갈 테고, 곧 주말이라 가스통 배달도 안 오고, 이래저래 사정이 있어서 하루만 어찌어찌 견뎌보면 안 되겠냐고 했지요. 김씨도 어차피 집에서 밥을 해 먹을 일이 없으니 알겠다고 했고요. 게다가 전 원래 주말에는 근무하지 않습니다. 제가 없다는 걸 뻔히 알면서 관리실로 열쇠를 받으러 왔다니, 이상하지 않습니까?"

"송우림 씨가 거짓말을 했다는 겁니까? 김종운 씨는 가스중독일 리 없고요?"

수사관의 눈빛이 날카롭게 빛났다.

"단정 지을 수는 없지만 송씨가 수상하긴 합니다."

"김종운 씨의 사인은 확실히 가스중독이었습니다. 동료들의 증언에 따르면 어젯밤 술자리 역시 분위기가 좋았다고 하고요. 그런데 송우림 씨를 의심할 만한 근거가 있습니까?"

"김씨 약혼녀가 송씨의 예전 여자 친구였거든요. 동료의 옛 여자 친구와 결혼한다고 해서 한동안 꽤 시끌시끌했습니다. 솔직히 송씨도 김씨한테 감정이 좋지 않았어요. 그런데 결혼 축하한다고 같이 술을 마시고 이사까지 도와준다고요? 안 이상합니까?"

"확실히 의심스럽긴 하군요. 알겠습니다. 저희가 좀 더 철저히 조사해보겠습니다."

경찰은 관리인이 제공한 단서를 토대로 현장을 다시 한 번 감식하고 송우림을 취조했다. 새롭게 알게 된 사실을 제시하며 추궁하자 결국 송우림은 범행 일체를 자백했다. 대체 그는 무슨 수를 써서 김종운을 살해한 것일까?

067 알리바이 깨뜨리기

  평범한 사람이라 해도 불의의 죽음을 맞이하면 세간의 이목을 끈다. 하물며 유명인사라면 더 말할 것도 없으며, 거기에 사인이 사고나 병이 아닌 타살이라면 더더욱 관심이 집중되게 마련이다. 그런 점에서 최근 발생한 한 사건은 대중의 입에 오르내리기 딱 좋은 조건을 모두 갖추고 있었다. 한창 인기몰이 중인 가수 가림이 자신의 저택에서 살해당한 것이다.

  시신을 발견한 사람은 가림의 저택 옆 오솔길로 통학하는 학생이었다. 그는 매일 자전거를 타고 학교로 향하는 길에 가림의 저택을 지나쳤는데, 그날따라 평소와 다른 점 하나가 그의 눈길을 끌었다. 항상 닫혀 있던 1층 창문 커튼이 웬일로 활짝 열려 있었던 것이다. 호기심이 동한 학생은 자전거를 세워두고 몰래 저택 가까이 다가갔다. 창문 너머로 가림을 볼 수 있을 거라는 기대 때문이었다. 추운 날씨 탓인지 창문에는 습기가 어려 있었지만 얼굴을 바짝 대자 내부 풍경이 얼추 눈에 들어왔다. 그러나 그 순간 그의 눈에 들어온 것은 꿈에도 생각지 못한 참혹한 광경이었다. 가림이 피 웅덩이에 쓰러져 있었던 것이다. 까무러치게 놀란 학생은 즉시 경찰에 신고했다.

  경찰은 신속히 현장에 도착했다. 아침인데도 실내는 불이 환하게 켜져 있었고, 벽난로에도 여전히 불길이 살아 있었다. 그 위에 얹힌 물주전자에서 계속 수증기가 뿜어져 나오는 것을 보아 사건은 불과 몇 시간 전에 벌어진 듯했다. 초동감식 결과, 가림의 죽음은 자살이 아닌 타살이 확실했다.

　사건이 늦은 새벽 시간에 일어난 데다 주변은 고급 별장 지대라 거주민이 많지 않았기에 경찰은 이웃을 탐문하기에 앞서 가림의 주변인부터 조사하기 시작했다. 가림은 작은 시골 마을 출신으로, 고향을 떠난 지 오래라 가족들은 그녀의 인간관계에 대해 아는 바가 적었다. 경찰은 별 수 없이 가림과 친밀한 사이라고 알려진 작곡가 경천에게 먼저 연락을 취했다.

　경천은 연락을 받고 채 30분도 되지 않아 경찰서로 달려왔다. 성연과 잭슨도 함께였다. 셋은 어제 가림의 집에서 같이 저녁 식사를 했다고 했다. 살아 있는 그녀를 마지막으로 본 이들인 셈이었다. 성연은 촉망받는 신예 뮤직비디오 감독이며 잭슨은 젊은 나이에 뛰어난 실력으로 주목받는 재미교포 출신의 드러머였다. 베테랑 작곡가인 경천은 쉰을 바라보는 나이로 연배가 높은 편이었지만 가림과 가장 가까운 사이였다. 가림이 지금의 인기를 얻을 수 있었던 배경에는 경천의 적극적인 지원과 인도가 있었기 때문이다. 호사꾼들은 이들이 단순한 선후배를 넘어섰을 것이라고 추측했다. 사실 그들은 연인관계였는데 최근 경천이 폐질환에 심장병까지 발견되면서 건강에 적신호가 들어왔고, 이로 인해 두 사람의 관계도 삐걱거리기 시작한 참이었다.

　경천은 가림의 시신을 확인하자마자 통곡했다. 그리고 이내 쿨럭쿨럭 연신 기침을 했다. 과연 병세가 심각해 보였다.

"바로 어제 함께 식사를 했는데… 어째서 이런 일이… 대체 누가 이렇게 잔인한 짓을 했단 말인가!"

경천은 갈라진 목소리로 중얼거렸다.

"어제 저녁 식사를 하고 몇 시쯤 헤어졌습니까?"

"나는 식사만 하고 먼저 나왔습니다. 몸이 좋지 않았거든요."

"나머지 두 분은요?"

"저희는 11시 30분쯤 나왔습니다."

"어제 상황을 자세히 말씀해주시겠습니까?"

경찰의 질문에 성연이 입을 열었다.

"어제는 가림의 다음 앨범 제작을 의논하려고 모였습니다. 가림이 모처럼 실력을 발휘해서 풍성한 식사를 대접해줬죠. 와인도 고급으로 준비했더군요. 분위기를 돋우자며 벽난로에 불도 붙였고요. 건조해질까 봐 물도 끓이고, 그녀가 아주 섬세하게 대접해준 덕에 우리 모두 즐겁게 먹고 마시며 좋은 시간을 보냈습니다."

뒤이어 경천이 말했다.

"다들 술을 좀 많이 마셨죠. 결국 난 몸이 안 좋아져서 양해를 구한 뒤 먼저 자리를 떴습니다."

그는 의미심장한 눈길로 성연을 바라보더니 이렇게 덧붙였다.

"사실 가다가 다시 돌아왔습니다. 목도리를 두고 갔거든요. 그런데 우연히 창밖에서 성연하고 잭슨이 가림과 옥신각신 다투는 모습을 봤습니다. 분위기가 상당히 안 좋아 보여서, 그때 들어가면

괜히 껄끄러워질까 봐 밖에서 좀 기다리다 나중에 들어가서 목도리를 가지고 나왔지요. 그런 뒤 집으로 돌아갔습니다."

"다투다뇨, 그런 일 없습니다. 뭔가 착각하셨겠지요. 아, 가림이 와인을 한 병 더 내오겠다는 걸 말린 적은 있습니다만… 많이 마셨다고, 됐다고 하는데도 굳이 와인을 또 가져오겠다고 하기에 언성이 좀 높아지긴 했지만 결코 다투지는 않았습니다."

성연의 말에 잭슨도 동의했다.

"알겠습니다. 오늘은 일단 모두 돌아가시죠. 후에 검시 결과가 나오면 다시 연락드리겠습니다."

경찰은 세 사람을 돌려보낸 후 다시 한 번 현장을 샅샅이 훑었지만 별다른 단서를 발견하지 못했다. 그때, 이웃 별장에 산다는 작가가 제보 전화를 걸어왔다. 가림이 살해됐다는 소식을 듣고 전날 목격한 이상한 광경이 떠올랐다고 했다.

"제가 요새 장편소설을 쓰는 중이라 종종 밤을 새우거든요. 어제도 그랬고요. 그런데 새벽 서너 시쯤이었나. 한참 글을 쓰다 바람 좀 쐴 겸 창가로 가서 창문을 열었는데, 가림의 집 앞에 차 한 대가 와 서는 겁니다. 그러더니 웬 남자가 내려서 빠른 걸음으로 집에 들어가더군요. 그때는 그냥 그런가 보다 했습니다. 밤샘 작업을 하느라 피곤하기도 했고, 설마 살인 사건이 일어났으리라고는 꿈에도 생각 못했거든요."

"차가 무슨 색이었습니까? 남자의 얼굴을 보셨나요?"

"아뇨, 너무 어두워서 잘 안 보였습니다. 차에 전조등이 켜져 있지 않아서 남자 얼굴도 못 봤고요."

"당시 피해자의 집에는 불이 켜져 있었나요?"

"네. 계속 켜져 있었습니다."

"혹시 창을 통해 무언가 보지 못하셨습니까?"

"실내에 불이 켜져 있으니 보려고 하면 볼 수 있었겠지만, 창에 습기가 잔뜩 서려 있더군요. 워낙 뿌옇게 흐려져 있어서 가까이 가서 본다 한들 뭐가 보일까 싶었습니다."

"안을 전혀 볼 수 없었다는 말씀이죠?"

수사관은 이렇게 되묻고 잠시 생각에 잠겼다.

"중요한 단서를 제공해주셔서 감사합니다."

전화를 끊은 후, 수사관은 경관 몇 명을 급히 소집했다.

"지금 당장 경천의 집으로 가자고."

경천은 갑작스런 경찰의 방문에 조금 놀란 듯했다.

"연락도 없이 찾아와서 죄송합니다. 확인할 것이 있어서요."

"괜찮습니다. 수사는 잘되고 있나요? 도와드릴 일이라도 있는지요?"

"사실 있습니다. 자동차 키를 잠시 빌려주실 수 있을까요?"

"내 자동차요? 마침 차에 꽂혀 있긴 합니다만… 물건을 사러 나가려던 참이었거든요."

"그럼 저희가 같이 가서 좀 살펴봐도 괜찮겠습니까?"

"괜찮습니다. 그러시죠."

경천의 차로 간 수사관은 먼저 주행기록계를 살폈다. 그런데 주행기록계가 0으로 표시되어 있었다.

"최근에 차를 전혀 몰지 않으신 건가요?"

"아, 바로 얼마 전에 정비소에서 찾아왔거든요. 점검받을 게 좀 있어서. 게다가 나는 운전을 거의 하지 않습니다. 어딜 가든 주차가 문제 아닙니까. 그게 싫어서요."

수사관은 고개를 갸웃거리며 시동을 걸었다. 그런데 좀처럼 시동이 걸리지 않았다.

"배터리도 나갔나 보네요."

"그러네요. 제가 워낙 차를 안 써서 몰랐습니다."

차에서 내린 수사관은 차 외관을 살폈다. 후미 부분에 덜 마른 진흙이 묻어 있었다.

"어젯밤 이 집 주변에서 자동차 소리를 들었다는 증언이 나왔습니다. 혹시 자동차 소리 들으셨나요?"

"자동차요? 가만 있자… 그런 것도 같네요. 방금 말씀하신 것과 같은 차인지는 모르겠습니다만."

"그럴 리가요. 정확히 아실 것 같은데요. 다름 아닌 경천 씨, 당신의 자동차이니 말입니다."

"무슨 오해가 있는 모양인데 그럴 리 없습니다. 보세요, 제 차는 배터리가 나가지 않았습니까? 그런데 어떻게 시동을 켜고 운전을 하겠어요?"

경천이 즉시 부인했다.

"지금은 그렇죠. 하지만 어젯밤에는 분명히 시동이 걸렸을 겁니다."

"배터리가 완전히 방전됐다고요. 그런데 어떻게 시동이 걸립니까?"

"어젯밤에는 배터리가 완전히 충전되어 있었습니다. 그런데 차를 몰고 나갔다 돌아온 후, 일부러 키를 꽂아둔 상태에서 밤새 라이트를 켜놓았겠죠. 그렇게 방전시킨 것 아닙니까?"

"그게 무슨 억측입니까? 증거 있어요?"

경천이 버럭 소리를 질렀다.

"증거? 얼마든지 보여드리죠. 그전에 일단 서까지 동행하시죠."

경찰은 경천을 경찰차에 태웠다. 그 순간까지도 경천은 고래고래 소리쳤다.

"난 아니야! 억울해! 난 안 죽였어, 안 죽였다고!"

과연 경천은 가림을 살해한 범인일까?

068 시간 오류에 빠진 살인

어느 날 밤, 공원을 순찰하던 경찰이 남성의 시신을 발견했다. 발견 시각은 10시 5분, 가슴의 상처에서 아직 피가 흐르고 체온이 남아 있는 것을 보아 사망한 지 1시간쯤 되어 보였다.

지문 조회 결과 사망자는 사영표, 가석방 중인 전과자로 밝혀졌다. 상해와 성희롱 등 전과 3범인 그가 이번에 복역한 이유는 3년 전, 조직 간 패싸움에서 상대편 조직에게 매수되어 자기 조직 간부를 살해했기 때문이다. 배신자로 낙인찍힌 사영표는 목숨을 구하기 위해 자수해서 스스로 감방에 들어가는 길을 택했다. 이 같은 사실을 알게 된 경찰은 사영표가 가석방 이후 조직원에 의해 보복 살해 당했을 가능성에 무게를 두고 수사를 펼쳤다.

그런데 이상한 점이 있었다. 시신에 자상이 두 군데밖에 없었던 것이다. 한 곳은 팔뚝, 한 곳은 치명상이 된 가슴이었다. 일반적으로 조직 간 원한관계에 의한 살인의 경우 칼로 난도질하는 경우가 많기 때문에 자상이 최소 열 군데에서 많게는 수십 군데에 이르게 마련이었다. 그에 비해 사영표에게 남은 자상은 지나치게 적었다.

잠시 후, 공원 인근 상점과 민가에 탐문 수사를 나갔던 경관이 보고했다.

"근처 잡화점 여주인이 피해자를 알아봤습니다. 사건 당일 낮에 이 부근에서 한참을 서성였다고 합니다. 가게 문 앞 공중전화에서 전화를 거는 모습도 몇 번 목격됐고, 여주인에게 근처에 양경승이라는 사람이 사느냐고 묻기도 했답니다. 사건과 관련된 사람 아닐까요?"

"이 부근에 양경승이라는 사람이 있는지 알아봐."

얼마 지나지 않아 관련 자료가 나왔다.

"있습니다. 근처 식당 주인이랍니다. 2년 전에 류가희와 결혼한 뒤….'

"잠깐만, 사영표가 수감되기 전까지 만났다던 여자 친구 이름이 류가희 아니었나?"

"맞습니다. 동일 인물입니다."

드디어 수사에 물꼬가 트였다. 경찰은 즉시 양경승의 집으로 찾아갔다. 양경승은 일을 나간 상태였고, 집에는 류가희와 가정부 김뿐이었다. 경찰에게 문을 열어준 김은 응접실에서 잠시 기다려달라고 말하고 류가희를 부르러 갔다.

잠시 후, 류가희가 2층에서 천천히 내려왔다. 이제야 잠에서 깬 듯 잠옷 차림이었다. 그녀가 어리둥절한 얼굴로 물었다.

"무슨 일이시죠?"

"사영표 씨 아시죠? 혹시 가석방된 것도 아십니까? 신문에 나왔는데 말이죠."

"그런데요? 전 그 사람과 이미 오래전에 헤어졌어요."

"저희도 압니다. 그런데 조사해보니 어제 사영표 씨가 류가희씨에게 몇 번이나 전화를 했더군요. 무슨 말을 했습니까?"

"누군가 자신을 쫓아온다고, 돈을 좀 마련해달라더군요."

"그래서요?"

"아실 테지만 전 이미 결혼했어요. 남편한테 이런 일을 이야기할 수도 없고요. 그런데 돈을 주지 않으면 남편에게 당장이라도 달려갈 태세더군요. 그래서 얼마간이라도 줘야겠다 싶었죠."

"실제로 돈을 줬습니까?"

"아뇨, 아직. 제가 돈이 어디 있겠어요? 그래서 친구한테 돈을 빌려달라고 했어요. 변희영이라고, 예전 직장 동료인데 제일 친한 친구거든요. 그런데 자기도 그만한 돈은 없다면서 그러지 말고 경찰에게 신고하라더군요. 하지만 그렇게 되면 남편이 제가 예전에 그런 남자랑 사귀었다는 사실을 알게 되잖아요? 그래서 일단 내가 알아서 할 테니 비밀을 지켜달라고 했어요. 희영이는 10시 기차를 타고 출장을 가야 한다고, 나중에 기차역에서 다시 연락하겠다면서 전화를 끊었고요."

"저녁에 변희영 씨가 다시 전화를 걸어왔나요?"

"글쎄요. 그 시간쯤에 전화를 하고 있던 터라 잘 모르겠네요."

"사영표가 마지막으로 전화한 건 언제입니까?"

"9시 30분쯤이요. 김씨 아줌마가 전화를 받아서 건네줬어요. 제가 돈을 마련하지 못했다고 했더니, 돈을 주지 않으면 저와 자기 사이 일을 남편에게 모두 불어버리겠다고 협박하더라고요. 처음엔 그를 설득해보려고 했어요. 애원하고 읍소하고 별별 짓을 다했는데도 비아냥거리기만 할 뿐, 도무지 말이 먹히질 않더군요. 한참을 매달리다 결국 돈을 구하는 수밖에 없겠다 싶어서 그제야 전화를 끊고 어떻게든 돈을 마련하려고 동동거렸죠. 그때가 10시 30분이었어요. 그건 김씨 아줌마가 증인이에요."

경찰은 변희영을 찾아가 사건 당일 저녁 10시 20분에 류가희에게 전화를 걸었다는 진술을 확보했다. 그러나 당시 류가희는 통화 중이었고 자신은 기차를 타야 해서 결국 연결되지 않았다는 점도 확인했다.

류가희가 사건 당일 집에 있었다는 점이 확인되면서 수사는 막다른 길에 봉착했다. 자칫 잘못하면 사건이 미궁에 빠질 판이었다. 과연 사영표를 살해한 사람은 누구일까?

069 곤충이 해결한 사건

한 시골 마을에서 사망 사건이 벌어졌다. 사망자는 마을에서 손꼽히는 부자인 석재수로, 평소 막대한 토지를 바탕으로 소작세와 비싼 이자로 재산을 불리던 악덕 지주였다. 하지만 그가 갑작스럽게 죽자 엄청난 재산은 갈 곳을 잃었다. 부인은 일찍 죽었고 자식도 없었기 때문이다.

석씨는 자신의 침대에서 발견되었는데 청색증이 생긴 것으로 보아 독극물에 의한 사망이 확실했다. 침실 창가에는 그을린 자국이 있는 밥공기가 놓여 있었고 창 바로 아래에는 모기와 나방 등 온갖 벌레의 사체가 잔뜩 떨어져 있었다. 밥공기 안에도 죽은 곤충이 수북했다. 검사 결과, 밥공기에서 농약 성분이 검출됐다. 누군가 밥공기에 농약을 넣어 가열했고 석씨는 기체화된 농약을 지나치게 들이마셔서 사망한 것이다. 자살일 가능성은 제외됐다. 자살 동기가 없었을 뿐만 아니라 자살이라면 농약 넣은 밥공기를 비교적 침대와 가까운 테이블에 놓았을 터이기 때문이다. 침대와 멀리 떨어진 창틀에 밥공기가 놓여 있다는 점은 이 사건이 타살임을 방증했다.

석씨네 피고용인에 따르면 사건 당일 그를 찾아온 사람은 두 명이었다. 모두 돈 문제였다. 첫 번째 방문자는 한춘호로, 빌린 돈의 상환 기한을 늦추기 위해 석씨를 찾았다고 진술했다.

"원래 어제가 돈을 갚기로 한 날이었습니다. 그런데 돈을 마련하지 못해서 제발 관대하게 봐주십사 부탁하려고 석 영감님을 찾아갔죠."

"석씨가 뭐라고 하던가요?"

"단칼에 안 된다고… 기한을 늦추려면 집이든 땅이든 담보물로 잡히라고 했습니다. 전 그럴 수 없다고 했고요. 결국 어떻게든 돈을 구해 오겠다고 하고 석 영감님 집을 나왔습니다."

한춘호는 진술 내내 손을 이리저리 비볐다.

"그래서 돈은 구했습니까?"

"아뇨, 아직."

"그 후에 다시 석씨의 집에 갔었나요?"

"어젯밤 9시쯤 다시 갔는데, 들어가지는 않았습니다. 도무지 들어갈 자신이 없더라고요. 석 영감님이 기한을 늦춰줄 리는 없고, 어차피 또 무안이나 당할 것 같아서… 그래서 밖에서 서성이다 그냥 돌아왔습니다."

"그때 한춘호 씨를 본 사람이 있습니까?"

"없습니다."

"저녁에 다시 찾아갔을 때 석씨가 집에 있던가요?"

"그랬을 겁니다. 안방에 불이 환하게 켜져 있었거든요."

그렇다면 그때까지는 석씨가 생존해 있었을 가능성이 컸다. 경찰은 한춘호를 돌려보낸 뒤 두 번째 용의자를 소환했다. 석씨의 토지를 부치는 소작농 중 한 명인 임천명이었다.

"올해는 해충이 많아서 작황이 나빴습니다. 가격도 안 좋았고요. 그래서 가격이 좀 회복되면 그때 농작물을 팔아서 소작세를 내면 안 되겠느냐고 석 영감님에게 부탁하러 갔었죠."

"석씨가 뭐라던가요?"

"안 된다고 합디다. 소작세를 못 낼 것 같으면 농작물을 담보로 잡히라더군요. 그래서 저도 좀 생각해보겠다고 하고 집으로 돌아갔습니다."

"이후에 또 찾아간 일이 있습니까?"

"저녁 때 다시 가볼까 했는데, 말을 잘할 자신이 없어서 대신 석 영감님 밑에서 일하는 인부를 찾아가 내 입장을 잘 이야기해달라고 부탁했습니다. 그랬더니 오늘은 석 영감님이 이미 잠들었으니까 내일 다시 와보라고 하기에 그냥 돌아갔죠."

"그때가 몇 시쯤이었습니까?"

"10시경이었습니다."

경찰은 두 사람의 진술에서 의문점을 발견하고 조사를 진행하던 중, 마침내 사건을 해결할 중요한 단서를 발견했다. 과연 범인은 누구이며 중요한 단서란 무엇일까?

070 완벽해 보이는 밀실 살인

추리소설가 천용주가 자신의 집 서재에서 살해된 채 발견되어 대중에게 충격을 안겼다. 20여 년 전 혜성처럼 등장한 그는 추리 장편소설 몇 편을 연달아 베스트셀러 목록에 올려놓으며 명실상부한 추리소설 대가로 자리매김했다. 또한 소설 중 상당수가 영화화되면서 부와 명예를 동시에 거머쥐었다. 판권료와 인세로 주머니가 두둑해진 천용주는 교외의 호화 저택에 거주하며 한동안 인기 작가로서의 삶을 마음껏 누렸다. 하지만 현실에 너무 안주한 탓일까. 5년 전부터 천용주는 발표하는 작품마다 혹평을 받았다. 미스터리의 수준이 현저히 떨어졌을 뿐 아니라 예전 소설에서 썼던 트릭을 재탕하는 등, 추리소설의 핵심이라고 할 만한 독창성과 치밀함을 모두 잃었기 때문이다. 독자가 외면한 작가는 결국 내리막길을 걷게 마련이다. 천용주 역시 최근 들어 크게 위축된 모습을 보였으며 수입 또한 급감했다. 그러던 중에 불의의 변을 당한 것이다.

천용주가 살해당한 서재의 모습은 이러했다. 방 한가운데 커다란 책상이 놓여 있고, 책상 위는 여러 참고 서적과 잡지가 층층이 쌓여 있었다. 또한 아이디어 노트와 미완성 원고도 발견됐다. 서재는 꽤 큰 편이었지만 책상 외에는 별다른 가구가 없었다.

"피해자는 책상 앞에 앉아 글을 쓰다가 등 뒤에서 갑작스런 습격을 받아 사망한 것으로 보입니다. 범인은 피해자의 등에 깊이 칼을 찔러 일격에 살해했습니다. 저희가 신고를 받고 달려왔을 때까지도 피가 굳지 않은 것을 보면 사건이 발생한 지 얼마 되지 않은 게 분명합니다."

가장 먼저 현장에 도착해 감식을 맡았던 경관이 담당 수사관에게 보고했다.

"쓸 만한 단서는 없나?"

"흉기에서는 지문이 발견되지 않았습니다. 서재 내부에는 피해자와 고용인 두 명의 지문만 있었고요. 사실상 단서가 전혀 없습니다."

"면식범의 소행일 가능성은?"

"현재로서는 누구나 가능합니다. 조사한 바에 따르면 가족은 수양아들 한 명뿐, 친척도 없답니다. 게다가 최근 몇 년 동안 극심한 슬럼프를 겪으면서 재산도 이래저래 까먹고, 경제적으로 어려움이 많았다고 합니다. 따라서 재산상속을 노리고 살해했을 공산은 그리 크지 않아 보입니다."

"강도나 절도일 가능성은 있나?"

"강도가 침입했다가 서재에서 피해자를 보고 충동적으로 살해했다고 하기엔 어려운 것이, 서재에는 창이 하나도 없습니다. 피해자는 평소 글을 쓸 때 서재 문을 잠그고 혼자 있었다고 하고요. 글을 쓸 때는 극도로 예민해져서 가사도우미인 류가 식사를 가져다주러 드나드는 것 외에는 아무도 서재에 들어가지 못했답니다. 기본적으로는 밀실이었던 셈인데, 범인이 어떻게 침입했는지 모르겠습니다."

"사건 당일에는 무슨 일이 있었나?"

"사건 당일 저녁, 류가 평소처럼 저녁 식사를 챙겨서 서재로 가 문밖에서 여러 차례 천용주를 불렀습니다. 하지만 아무리 기다려도 대답이 없자 뭔가 이상하다는 생각에 밖에서 일하던 정씨를 불러 문을 따게 했습니다. 문을 열고 들어가보니 천용주가 이미 책상에 엎어진 채 죽어 있었답니다. 여기까지가 류의 진술이고요. 정씨는 이렇게 진술했습니다. '내가 문을 따자 류가 먼저 뛰어들어갔다. 그러더니 안에서 큰일 났다, 천 선생님이 다쳤다, 어서 신고하라고 소리를 지르기에 바로 거실로 가서 구급차를 부르고 경찰에 신고했다. 그날 방문객은 없었고 저택에는 천용주와 류, 나만 있었다.' 사건이 발생했을 것으로 추측되는 시각에 류는 주방에서 식사를 준비했고 정씨는 밖에서 정원 손질 중이었답니다."

"자살은 아니겠지?"

"등 중앙에 흉기가 꽂혀 있었으니까요. 상식적으로 혼자서 자기 등 뒤에 칼을 꽂긴 힘들지 않겠습니까?"

"류와 정씨가 공모해서 천용주를 살해했을 가능성은?"

"그렇다면 가장 큰 동기는 금전일 텐데 천용주에게 이 저택 외에 돈 될 만한 건 없습니다. 예금조차 없더군요. 천용주를 죽여봤자 그들이 저택을 물려받는 것도 아니고… 게다가 이 집에서 일한 지 벌써 10년 이상 됐으니 충성심도 상당할 테고요. 아, 그리고 정씨의 진술에 따르면 최근 피해자는 양아들과 출판사 사장에게 각각 편지 한 통씩을 보냈다고 합니다."

"그렇군. 그럼 일단 양아들과 출판사 사장을 불러들여 조사를 해보자고."

천용주의 양아들 역시 추리소설 작가였다. 최근 빠르게 떠오르며 주목받는 신예로, 심지어 양아버지인 천용주보다 낫다는 평을 들으며 한창 이름을 알리는 중이었다. 경찰은 먼저 양아들을 상대로 조사를 시작했다.

"최근에 천용주 씨가 편지를 보냈다고 들었습니다. 무슨 내용이었습니까?"

"최근 집필 중인 소설에 관해 제 의견을 묻는 것이었습니다."

"사건 당일 어디 있었나요? 누구와 함께 계셨습니까?"

"그날은 내내 출판사 사장님과 함께 있었습니다. 출판을 앞둔 작품 때문에 의논할 일이 있었거든요."

"하루 종일 출판사에 계셨다는 말입니까?"

"그렇습니다. 하루 종일 있었습니다."

다음으로 출판사 사장이 조사를 받았다.

"천씨가 얼마 전에 편지를 보냈지요? 무슨 내용이었는지 말씀해주실 수 있겠습니까?"

"주로 작품에 대한 이야기였습니다. 최근 들어 새로운 소설을 썼는데 빠른 시일 내에 출판할 수 있도록 도와달라는 거였죠. 제목은 '완벽한 밀실 살인'이었습니다."

"사건 당일에는 종일 출판사에 계셨나요?"

"네. 다른 추리소설가인 홍 선생과 줄곧 출판회의를 했습니다."

"천용주의 양아들 홍지훈 씨 말씀이죠?"

"그렇습니다."

"알겠습니다. 한 가지만 더 묻죠. 혹시 천씨와 갈등을 겪거나 천씨에게 원한이 있는 사람이 있나요?"

"제가 알기로는 없습니다만… 이런 얘기를 들은 적은 있습니다. 홍 작가의 초기 작품은 사실 천 선생이 소재를 줬다는 겁니다. 심지어 일부는 자신이 대필했다고 하더군요. 게다가 얼마 전, 홍 작가가 자기 집에서 일하는 가정부와 내연관계인 걸 알게 되어서 크게 꾸짖었다고 했습니다. 당장 관계를 정리하지 않으면 초기 작품을 대필해준 일을 대중에 공개하겠다고 경고했다더군요."

"그 말이 사실이라면 홍지훈 씨의 혐의점이 짙어지는데요."

"그렇긴 한데, 그날 홍 작가는 정말로 저와 하루 종일 같이 있었습니다. 살인을 저지를 시간 따위 전혀 없었어요. 혹시 자살일 가능성은 없습니까? 요즘 들어 천 선생, 꽤 우울해했거든요. 부정적인 말도 자주 하고요."

"사건 정황상 자살로 보기는 힘듭니다. 저희도 최선을 다해 조사하고 있으니 조금만 기다려주시죠. 귀한 정보를 제공해주셔서 감사합니다. 이제 돌아가셔도 좋습니다."

경찰은 새로운 정보를 토대로 류를 소환해 취조했다.

"사건 당일 상황을 다시 한 번 자세하게 진술해주시겠습니까?"

"그날 저녁, 저는 저녁 식사를 가지고 천 선생님 서재로 갔습니다. 문을 몇 번이나 두드렸는데 대답이 없어서 이상했습니다. 평소에는 금방 문을 열어주셨거든요. 설마 무슨 일이 생겼나 싶어서 그 길로 정씨를 불러다가 문을 따달라고 했죠. 문이 열리자마자 들어가보니, 천 선생님이 등에 칼이 꽂힌 채 책상 위에 뻣뻣하게 엎어져 계셨어요… 그래서 얼른 정씨에게 사람을 불러오라고 외치고, 저는 책상으로 달려가 천 선생님을 일으키려고 했습니다. 이미 돌아가신 것을 알고는 손도 대지 못했지만요."

"점심때도 서재로 식사를 가져다줬습니까?"

"네. 그때는 정씨도 서재에 함께 들어갔다가 나왔습니다."

"오후에는 내내 정씨와 있었나요?"

"네. 저녁 전까지 같이 집 대청소를 했거든요. 그러다 전 식사 준비를 하러 주방으로 갔고요."

"주방에서 식사 준비를 할 때 정씨는 어디 있었습니까?"

"청소를 마무리하고 정원에서 가지치기를 한 것으로 압니다."

"정씨가 정원에 나갔다가 다시 들어온 적이 있나요?"

"아뇨. 만약 들어왔다면 주방 창문을 통해 보였을 겁니다."

"알겠습니다. 협조해주셔서 감사합니다. 이만 돌아가셔도 좋습니다."

경찰은 정씨도 다시 불렀다.

"사건 당일 점심에 류와 함께 서재에 들어갔을 당시 혹시 천씨에게 평소와 다른 점을 느끼지 못하셨나요?"

"전혀 못 느꼈습니다."

"류와 같이 나오셨다고요?"

"네, 그렇습니다."

"그 후로 저녁 식사 시간이 될 때까지 두 분 모두 서재에 한 번도 들어가지 않았고요. 맞습니까?"

"맞습니다. 그날 오후 내내 대청소를 하고 잠시 쉬었다가 류는 주방으로 들어가고, 전 정원에 나가 가지치기를 했습니다. 서재 쪽으로는 가지도 않았어요."

"정원에서 일할 때 류가 주방에서 나오는 걸 보셨나요?"

"아뇨. 주방은 1층에 있고 주방 창문 바로 바깥이 정원입니다. 만약 류가 주방 밖으로 나왔다면 제가 못 봤을 리 없습니다."

"류의 부름을 받고 서재 문을 따서 열었을 당시 천씨의 모습을 보셨나요?"

"류가 먼저 들어갔는데 사람을 부르라고 소리쳐서 저는 서재에 들어가지 않고 곧장 거실로 가서 전화로 경찰과 구급차를 불렀습니다. 그런 뒤 서재에 가서 천 선생님이 사망한 것을 알았죠."

"강도였다고 생각하시나요?"

"전 잘 모르겠습니다만… 아마 아닐 겁니다. 이상한 소리는 들지 못했거든요. 게다가 서재에는 창문 하나 없고, 유일하게 밖으로 통하는 방문은 분명히 안에서 잠겨 있었습니다. 제가 따서 열었으니 확실합니다."

"저희도 외부 침입 가능성은 낮게 봅니다. 혹시 자살 가능성은 없을까요?"

"실은 그 생각도 했습니다. 요즘 천 선생님이 많이 불안해하셨거든요. 엄청 예민하고 화도 잘 내고… 영감이 메말라버렸다는 얘기도 자주 하셨습니다. 어쩌면 진짜 자살일지도… 다만 추리소설 작가니까 보통 사람과 다른 방법을 썼을지도 모르죠."

"하지만 자살이라고 하기에는 등 한가운데 칼이 꽂혀 있었다는 사실이 걸리는군요."

경찰은 일단 정씨도 돌려보냈다. 그런 뒤 다 같이 자료와 수사 결과를 검토하며 추리를 거듭했지만 좀처럼 해답이 보이지 않았다. 시간은 하염없이 흘러 어느새 창밖에 어둠이 내려앉았다. 그 순간, 한 형사가 무언가 번뜩 떠오른 듯 무릎을 탁 치며 외쳤다.

"알았다! 어떻게 된 일인지 알았어!"

과연 사건의 진상은 무엇일까?

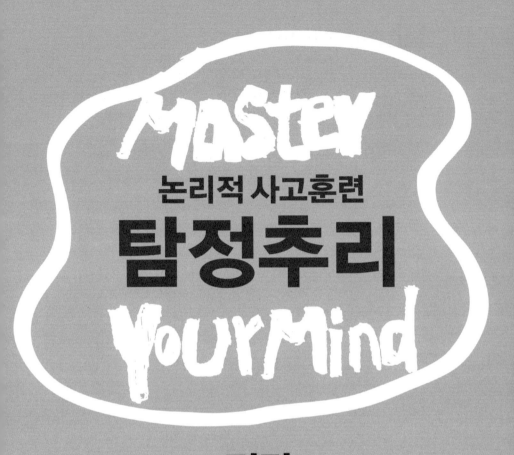

논리적 사고훈련

탐정추리

Your Mind

정답

001 수상한 강도 사건

이노시타는 모자를 보고 아오키를 의심했다. 아오키는 모자를 빼앗기지 않기 위해 강도와 싸웠고 그 과정에서 팔에 부상을 입었다고 진술했다. 그런데 벽에 걸린 모자는 찢어지거나 더러워진 구석 하나 없이 깨끗했다. 그토록 긴박한 순간에 강도가 아오키에게 모자를 벗게 한 뒤 폭력을 휘둘렀을 리 없고, 정말 그런 일이 있었다면 모자가 티끌 한 점 없이 깨끗할 수도 없다.

따라서 이노시타는 아오키가 강도 사건을 꾸며냈다고 판단했다. 또한 자신들이 집을 나선 후 아오키가 빼돌린 돈을 안전한 장소에 숨기려 할 것도 예상했다. 실제로 다시 아오키의 집으로 돌아간 이노시타와 마츠시타는 마당 한구석에 구멍을 파고 돈을 숨기던 아오키를 발견, 즉시 체포했다. 나중에 알고 보니 아오키는 결혼 자금이 부족해서 전전긍긍하던 차였다. 그러던 중에 촌장이 거액을 찾아오라고 하자 돈을 빼돌리기로 결심한 뒤 미리 준비해둔 칼로 자신의 팔을 자해해서 강도 사건을 조작한 것이다.

002 치명적인 이별주

사실 독은 술이 아니라 남자가 사용한 술잔 주둥이에 발려 있었다. 여자가 술을 마시는 모습을 보고 긴장이 풀린 남자는 술을 마셨고, 그와 동시에 잔 주둥이에 발린 독을 섭취하면서 비명횡사한 것이다.

003 신출귀몰한 도둑의 정체

이 사건을 푸는 열쇠는 범인의 범행 수단을 파악하는 데 있다. 현관문과 창, 방범 창살이 훼손된 부분 없이 온전하다는 것은 범인이 실내에 들어오지 않았다는 뜻이다. 리디아의 집은 발코니가 없는 고층 아파트 9층이기 때문에 창밖에서 도구를 이용해 반지를 훔칠 수도 없다. 그렇다면 범인은 어떻게 리디아의 반지를 훔쳤을까?

프레드가 리디아에게 새를 키우는 이웃이 있느냐고 물은 이유는 범인이 직접 현장에 오지 않고도 범행이 가능한 도구를 썼다고 추리했기 때문이다. 그것이 바로 조류다. 대부분의 조류는 천성적으로 반짝이는 물건을 광적으로 좋아한다. 범인은 조류의 이런 습성을 이용해서 반짝이는 보석을 훔쳐 오도록 새를 훈련시켰다. 이렇게 훈련 받은 새가 방범 창살 사이로 들어와 리디아의 다이아몬드 반지를 물어 간 것이다. 화장대에 떨어진 성냥개비는 새가 괜한 울음소리를 내서 주의를 끌지 않도록 범인이 새의 부리에 물리는 용도로 쓴 것이었다. 또한 프레드가 힉스를 범인으로 확신한 이유는 어두운 밤에도 자유자재로 날아다닐 수 있는 새는 힉스가 키우는 부엉이밖에 없기 때문이다.

004 망원경의 비밀

사망자가 죽기 직전에 한 행동을 취합해보면 흉기로 가장 유력한 물건이 무엇인지 알 수 있다. 바로 망원경이다.

망원경이 어떻게 흉기가 될 수 있을까? 호위병을 포섭하면 가능하다. 동맹국은 호위병 중 한 명을 포섭해서 독침이 설치된 망원경을 W에게 건네주도록 했다. 초점 조절 손잡이와 독침을 연결해놓은 이 망원경은 겉보기에는 평범하지만 눈에 대고 초점을 조절하기 위해 손잡이를 돌리면 독침이 튀어나와 안구를 찌르도록 설계되어 있었다. W는 아무 의심 없이 이 망원경으로 적진을 염탐했고, 초점 조절 손잡이를 돌리는 순간 튀어나온 독침에 눈이 찔려 그 자리에서 심장마비로 사망했다. 또한 그는 쓰러지면서 무의식적으로 망원경을 절벽 아래로 떨어뜨렸다. 유일한 증거물을 스스로 인멸한 것이다.

005 사람 잡는 밧줄

집사가 제공한 단서는 바로 쇠가죽 밧줄의 특성이었다. 쇠가죽 밧줄은 물에 젖으면 늘어나고 마르면 수축하는 성질을 가지고 있는데, 한스가 이 점을 이용해 스티브를 살해했을지 모른다는 것이다.

실제로 한스는 모종의 계략을 써서 스티브를 나무에 묶고, 그의 목에 젖은 쇠가죽 밧줄을 느슨하게 세 번 둘러 감았다. 물론 처음에는 충분히 숨을 쉴 수 있었다. 그러나 뜨거운 여름 햇살 아래 밧줄이 마르면서 점차 목을 바짝 조이기 시작했다. 스티브는 차차 숨쉬기가 힘들어졌지만 입안에 천이 가득 물려 있는 탓에 소리조차 제대로 지르지 못했고, 결국 꼼짝없이 목이 졸려 죽고 말았다. 그렇게 형이 죽어가는 동안 한스는 시내의 펍에 죽치고 앉아서 알리바이를 만든 것이다.

006 립스틱 자국의 비밀

S 호텔의 주 고객은 예의범절과 교양이 일정 수준 이상인 상류층이다. 그런데 용의자는 겉보기엔 나무랄 데 없는 상류층 여성으로 보였지만, 잔 입구에 묻은 립스틱 자국을 닦지 않고 그대로 남겨두었다. 잘 교육받은 여성이라면 잔에 립스틱 자국을 습관적으로 닦아내게 마련인데, 그와 상반된 모습을 보인 것이다. 찰스는 바로 이 부분에서 그녀에게 석연치 않음을 느꼈다. 예의범절과 교양이 몸에 밴 사람이라면 마땅히 할 만한 행동이 이 여성에게는 보이지 않았던 것이다. 겉모습은 꾸밀 수 있고 행동은 모방할 수 있다. 그러나 오랜 세월에 걸쳐 자연스레 몸에 배는 예의범절과 교양은 결코 꾸며낼 수 없는 법이다. 그녀에게 의심을 품은 찰스는 이를 토대로 최근 활개를 친다는 여장 남자 사기꾼에게까지 추리를 넓혀갔고, 결국 범인을 잡을 수 있었다.

007 도둑맞은 깃발

범인은 에릭이다. 에릭이 속한 폭스 팀의 주둔지는 크루즈 팀 주둔지보다 상류에 있다. 에릭이 정말 자기 팀 주둔지 근처에서 낚시를 했다면 크루즈 팀 주둔지 쪽에서 깃발이 떠내려오는 것을 볼 수 없다. 크루즈 팀 주둔지는 폭스 팀보다 하류에 있기 때문이다. 깃발이 강물을 역류해 올라왔을 리는 없으니 에릭이 거짓말을 한 것이고, 따라서 그가 범인이다.

008 위험한 달걀

골맨은 먼저 달걀을 산성 용액에 얼마간 담가두었다. 산성 용액이 달걀 껍데기의 탄산칼슘을 녹여서 부드럽게 만들기 때문이다. 마침내 달걀 껍데기가 말랑말랑해지자, 골맨은 아주 작고 얇은 바늘을 조심스레 달걀 안에 찔러 넣었다. 이미 말랑해진 껍데기는 바늘을 찔러 넣어도 깨지기는커녕 아무 자국도 남지 않았다. 작업을 마친 골맨은 달걀을 다시 말렸고, 껍데기에 묻어 있던 산성 용액이 날아가면서 바늘이 든 달걀은 보통 달걀과 똑같아졌다. 이렇게 그는 친구의 생명을 위협할 위험한 달걀을 만든 것이다.

009 어둠 속의 독살

이 사건을 해결하는 열쇠는 갑과 을의 소지품과 독약의 관계성을 밝히는 데 있다. 여러 잡다한 물품 중 범행 도구로 쓰인 물건을 찾는 것이 핵심이다. 정전으로 실내가 어둠에 휩싸였던 짧은 순간에 피해자의 잔에 독을 넣으려면 반드시 독을 몸에 휴대하고 있었어야 한다. 또한 독을 넣은 후에도 범인은 여전히 범행 도구를 지니고 있을 가능성이 높다. 왜냐하면 바닥에 아무것도 없었기 때문이다. 액체 상태인 독약을 휴대하려면 용기로 쓸 수 있는 물건이 있어야 하는

데, 이 조건에 부합하는 것이 바로 을이 가진 만년필이다. 실제로 을은 어둠을 틈타 만년필에 담아 온 독약을 피해자의 잔에 흘려 넣었고, 아무 의심 없이 술을 마신 피해자는 그 자리에서 숨지고 말았다.

010 호화 유람선의 침몰

생존자끼리 서로 다르게 진술한 까닭은 폭발음을 들었을 때의 위치가 다르기 때문이다. 다른 생존자들은 구명정 위에 있었지만 폭발음을 두 번 들었다는 생존자는 당시 바닷속에서 헤엄을 치고 있었다. 즉, 배가 폭발했을 때 구명정 위의 사람들은 공기를 통해 전해온 폭발음을 들었지만 이 사람은 물을 통해 전해온 소리를 들었다. 물속에서 전해지는 소리의 속도는 공기 중보다 여섯 배나 빠르다. 바닷속에 있던 생존자가 구명정 위의 생존자들보다 먼저 폭발음을 들은 것이다. 그리고 수면 위로 올라와서 몇 초 뒤에 공기를 통해 전해진 폭발음을 들었다. 그러니 그의 입장에서는 폭발음이 두 번 있었다고 진술할 수밖에 없었다. 동료가 생존자 모두 진실을 말했다고 한 것은 바로 이런 뜻이다.

011 금발 미녀의 범죄

형사는 범인이 금발이긴 하지만 이미 다른 색으로 염색을 했거나, 아니면 원래 다른 색인 머리를 금발로 염색했을지도 모른다는 가설을 세웠다. 이에 따라 경찰은 수집한 머리카락을 화학적으로 분석했고, 원래 적갈색 머리털을 금발로 염색한 것이라는 사실을 밝혀냈다. 경찰은 사건 현장 주변의 적갈색 머리 여성을 대상으로 DNA 대조 분석을 했고 마침내 범인을 찾아냈다.

012 노인의 기지

노인은 청부업자가 부주의한 틈을 타서 그가 와인을 마실 때 썼던 잔을 금고에 넣고 잠갔다. 평범하기 그지없는 와인잔이 금고 속에 소중히 들어 있는 것을 이상히 여긴 경찰은 잔을 조사했고, 살인 청부업자의 지문을 찾아냈다. 그리고 체포한 살인 청부업자를 심문해서 아내가 노인의 살해를 의뢰했다는 사실까지 밝혀냈고, 두 사람 모두 법의 심판대에 세웠다. 죽음이 목전에 닥친 절망적인 순간에도 침착하게 단서를 남긴 노인의 기지 덕이었다.

013 사라진 푸른천사

낸시는 녹화 영상에서 범인이 단 한 번의 망치질로 방탄유리를 깨뜨렸다는 점에 주목했다. 방탄유리는 일반 유리와 달리 절대 망치질 한 번에 깨지지 않는다. 그러나 표면에 아주 작은 균열이 있다면 이야기가 달라진다. 그 균열을 정확히 내리치는 것만으로 보통 유리처럼 산산조각나기 때문이다. 그런데 범인은 마치 어디에 균열이 있는지 알고 있는 것처럼 단 한 번의 망치질로 전시 케이스를 깨부수고 다이아몬드를 훔쳐 갔다. 방탄유리에 균열이 있다는 사실과 그 균열이 어디 있는지를 아는 사람은 전시 케이스를 만든 도난 방지 전문가뿐이다. 따라서 낸시는 그가 범인이라고 판단한 것이다.

014 수상한 전화

'불가능한 것들을 제외하고 나면 남는 것이 진실이다.'
이는 셜록 홈즈의 명언이다. 이 납치 사건에서 모든 종류의 불가능을 제외하자 피해자 스스로 꾸며낸 것이라는 진실 하나만이 남았다. 이 사실을 전제로 수사 방향을 수정한 경찰은 납치범과의 통화 내용을 결정적 단서로 보고 분석하기 시작했다. 사람의 목소리에는 지문처럼 누구와도 구별되는 독특한 특징이 있는데, 이를 성문이라고 한다. 변조기로 목소리를 변조해도 성문은 변하지 않는다. 경찰은 이 점에 착안하여 정밀한 기계로 납치범의 변조된 목소리와 류현종의 목소리를 비교했고, 같은 사람이라는 결론을 얻었다. 결국 심증과 물증을 모두 확보한 경찰은 류 회장 부자를 진짜 범인으로 지목했다.

015 담배꽁초에 숨겨진 단서

폴 경장은 두 용의자의 예측 가능한 행동, 직업적 특징 등 신분 정보에 주목했다. 만약 애인이 범인이라면 몇 모금 피우지도 않은 담배를 현관에서 끄지 않았을 것이다. 피해자와 각별한 사이임을 감안했을 때 집에 들어가기 전 굳이 담배를 끄는 등의 예의를 차릴 필요가 없기 때문이다. 그러나 보험 판매원이라면 이야기가 다르다. 직업 특성상 고객의 집에 들어가기 전 현관에서 담배를 껐을 공산이 크다. 따라서 범인은 보험 판매원일 확률이 높다.

016 박물관 관장의 죽음

가장 먼저 주목해야 할 것은 사무실이 오후 내내 조용했다는 점이다. 만약 괴한이 침입했다면 관장은 소리를 지르거나 몸싸움을 벌였을 테고, 분명 누군가는 그 소리를 들었을 것이다. 하지만 이상한 소리가 전혀 없었다는 점을 보아 범인은 면식범일 가능성이 높다.

두 번째로 미카엘의 의문을 불러일으킨 것은 망원경의 각도였다. 눈을 대는 쪽이 창문을 향해 있었기 때문이다. 반대쪽은 시가 끝을 향해 있었다. 이를 통해 미카엘은 패트릭의 범행 시간 조작 트릭을 간파해냈다. 패트릭은 먼저 관장을 살해한 후, 망원경을 오후 5시쯤 해가 드는 방향으로 맞추고 그 끝에 시가를 놓아두었다. 돋보기 원리를 이용해 시가에 자연히 불이 붙도록 현장을 조작한 것이다. 그의 의도대로 오후 5시가 넘어서 시가에 불이 붙었고, 아직 다 타지 않은 시가를 보고 사람들은 관장이 사망한 지 얼마 되지 않았다고 오해했다. 그러나 미카엘이 범인의 트릭을 간파한 덕에 무사히 진범을 잡을 수 있었다.

017 치밀한 살인 계획

숀은 축하 파티를 준비할 때부터 살해 계획을 세웠다. 평소 그는 자신과 비슷한 연배인 파브르가 두각을 나타내는 데 심한 질투를 느꼈다. 그 와중에 함께 참가한 대회에서 파브르가 대상을 탄 데 비해 자신은 아무 성과도 올리지 못하자 열등감이 극에 달했고, 결국 파브르를 살해하기로 마음먹은 것이다.

숀은 파브르가 술을 잘 마시지 못한다는 점에 착안해서 일부러 축하 파티를 열고 파브르가 술에 취하기를 기다려 고의로 그의 넥타이에 음식물을 흘렸다. 평소 깔끔한 성격인 파브르가 세정제를 사용하도록 유도한 것이다. 사실 세정제 안에는 사염화탄소, 즉 테트라클로로메테인이 다량으로 들어 있었다. 사염화탄소는 기름기를 녹여내는 성질이 있어서 의류 등을 깨끗히 할 때 사용되지만 흡입 시에는 신경계, 간, 신장에 악영향을 준다. 특히 술을 다량으로 마신 상태에서 흡입하면 죽음에 이를 만큼 치명적이다. 그러나 명확한 증거가 남지 않기 때문에 표면적으로는 단순히 급성 알코올의존증으로 인한 사망으로 보이기 쉽다. 파브르는 술에 취한 상태에서 자신도 모르게 적정량 이상으로 세정제를 따랐고, 넥타이를 세척하며 사염화탄소를 지나치게 들이켰다. 그 결과 사망에 이른 것이다.

018 미동 없는 시신

영길은 운전기사를 지목했다. 사실 조금만 생각해보면 운전기사가 계속 거짓을 말하고 있음을 알 수 있다. 바로 뒷자리에 앉은 부인이 시종일관 조금도 움직이지 않았다는 말이 거짓이다. 살아 있는 사람도 운행 중인 차 안에서 미동 없이 앉아 있기 쉽지 않은데, 하물며 시체는 어떻겠는가.

운전기사는 모종의 이유로 류청의 부인에게 살의를 품고 이를 실행에 옮겼다. 그러나 범행을 저지른 후 그대로 도망가면 자신이 빼도 박도 못하게 범인으로 보일 것을 우려해 강도 사건인 척 꾸미고 시신을 싣고 집으로 돌아오는 대범한 짓을 벌였다. 그러나 탐정인 영길에게 간악한 의도를 간파당했고, 결국 범인임이 밝혀졌다.

019 날카로운 흉기의 정체

알고 보니 우편배달부는 극단적인 인종차별주의자로, 시장이 인종 분쟁 해결 법안을 제안했다는 데 불만을 품고 살해를 모의했다. 흉기는 바로 두꺼운 양장본의 한 페이지였다. 양장본은 종이가 비교적 힘이 있고 가장자리가 날카로워서 급소를 정확히 긋기만 한다면 얼마든지 생명을 빼앗는 흉기가 될 수 있었다. 또한 단숨에 목의 급소를 그으면 소리를 지르거나 반항할 새도 없이 의식을 잃게 된다. 시장의 비명 소리나 방어흔이 없었던 이유가 바로 여기에 있다. 실제로 조사 결과, 양장본 책에는 한 페이지가 사라지고 없었다.

020 폭탄이 설치된 자동차

이 사건의 핵심은 폭발의 조건을 파악하는 데 있다. 차가 멈추지 않는 한 터지지 않는다는 조건으로 미루어 볼 때, 차에 설치된 폭탄은 원격조종폭탄이나 시한폭탄이 아니라 일정 요건이 충족되면 터지는 형태임을 알 수 있다. 따라서 우선적으로 폭탄이 터지는 요건을 파악해야 한다.

차가 멈추면 폭탄이 터진다는 것은 운행 중에 나타나는 각종 물리적 요소가 사라지는 순간 폭발한다는 뜻이다. 그렇다면 차가 운행 중일 때와 그렇지 않을 때 달라지는 물리적 요소는 무엇일까? 바로 운동성과 진동이다. 협박 문자에는 구체적으로 운동성이 어떠해야 한다는 조건이 없었다. 즉, 차가 계속 움직여야 한다든가 절대 정지하면 안 된다는 식의 제한이 없었다. 따라서 기폭 요소는 운동성이 아닌 진동이라는 추측이 가능하다. 자동차에서 진동을 일으키는 요인은 엔진이다. 다시 말해 엔진이 계속 돌아가는 한 진동은 멈추지 않는다. 차를 세워도 시동만 끄지 않으면 폭탄은 터지지 않는 것이다. 하워드는 이 점을 간파했기에 차를 세워도 안전하다고 확신할 수 있었다.

021 타조 살해 사건

왓슨은 타조의 독특한 생리적 특성에 착안했다. 먹이를 통째로 삼키는 타조는 소화를 돕기 위해 일부러 작은 자갈 등을 삼키는 습성이 있다. 위 속의 자갈이 먹이를 잘게 부숴서 소화를 돕기 때문이다. 또한 삼킨 자갈은 몸 밖으로 배출되지도 않는다. 범인은 이 점을 이용해서 타조에게 몰래 남아프리카에서 생산된 다이아몬드를 삼키게 하고 자신만이 알 수 있는 표식을 남겼다. 그리고 타조를 지정된 장소까지 운송한 뒤 기회를 노려서 타조를 죽이고 배를 갈라 다이아몬드를 꺼내 간 것이다. 왓슨이 이 사건을 밀수 범죄라고 단언한 까닭도 이 때문이었다.

022 거짓말쟁이 뺑소니범

이 사건을 해결할 핵심은 현장에 남아 있던 족적이다. 신발 사이즈를 통해 범인의 키를 추정할 수 있기 때문이다. 경찰이 발견한 신발 자국의 사이즈는 36센티미터인데 일반적인 신발과 맨발의 크기 차이를 고려할 때 범인의 맨발 사이즈는 적어도 30센티미터 이상이다. 이를 토대로 대략적인 키를 계산해보면 약 2미터 전후가 나온다. 따라서 키가 2미터에 육박하는 크럼이 용의자일 가능성이 높다.

다음으로 중요하게 보아야 할 점은 크럼과 게일의 키 차이다. 두 사람은 키가 50센티미터가량 차이가 나기 때문에 같은 차를 번갈아 운전했다면 각자 운전석에 탈 때마다 좌석 위치를 조정해야 한다. 만약 크럼의 주장대로 오전에 차를 몬 사람이 게일이고, 자신은 하루 종일 차를 탄 적이 없다면 시범 운전을 위해 헤인즈와 함께 차에 올랐을 때 좌석 위치를 조정했을 것이다. 그런데 크럼은 운전석에 앉자마자 좌석을 조정하지 않고 곧장 시동을 걸어 차를 출발시켰다. 또한 운전하는 내내 편안한 자세였다. 즉, 좌석이 크럼의 몸에 맞게 조정되어 있었다는 뜻이다. 따라서 하루 종일 차를 몬 적이 없다는 그의 말은 거짓이다. 이처럼 그의 거짓을 간파한 헤인즈는 뺑소니 사건의 범인이 크럼이라고 확신했다.

023 자물쇠 따기 시합

애덤은 이번 대결에서 이기기 위해 중재인을 매수했다. 매수된 중재인은 앵거스의 차례가 되자 손을 녹이라며 멀리 있던 전기난로를 가까이 당겼는데, 이는 사실 앵거스를 배려해서가 아니라 모래시계와 난로의 거리를 줄이기 위해 한 행동이었다. 유기 유리는 뜨거워지면 늘어나고 차가워지면 수축하는 특징이 있다. 그래서 난로가 가까워지자 열을 받으면서 유기 유리로 만든 모래시계의 허리 직경이 늘어났다. 물론 눈에 보일 정도의 변화는 아니었지만 모래알이 좀 더 빨리 떨어지기에는 충분했다. 그 결과 실제 시간보다 모래시계의 시간이 더 빨리 흐르면서 앵거스의 기록이 애덤보다 더 나쁘게 나온 것이다. 실제 앵거스가 자물쇠를 따는 데 걸린 시간은 15분 10초보다 훨씬 적었다.

024 충견과 아내의 죽음

아마 당신도 라슨이 범인이라는 사실을 금세 알아차렸을 것이다. 찰리는 이웃들의 증언과 현장에서 자신이 파악한 단서, 그리고 날카로운 심문을 통해 사건의 진상을 알아냈다. 찰리가 가장 의심스럽게 생각한 부분은 개였다. 그토록 사납고 충성스러운 개가 낯선 사람이 집에 침입해 여주인을 살해할 때까지 단 한 번도 짖지 않았다는 것은 말이 되지 않기 때문이다. 게다가 찰리는 사건 발생 당시 개가 집에 있었는지 확인하기 위해 몇 번이나 물어보았지만 라슨은 확실히 개를 데리고 나가지 않았다고 대답했다. 개가 짖지 않은 이유는 단 하나, 살인범이 주인인 라슨이었기 때문이다.

025 변장술의 고수 잡기

남자는 비가 내릴 때도 같은 장소에서 야영을 하고 있었다고 답했다. 이 말의 진실 여부를 밝히는 가장 간단하고 확실한 방법은 텐트를 옮겨보는 것이다. 남자의 말대로 3일 전, 다시 말해 비가 내리기 전에 산에 들어와 텐트를 쳤다면 텐트 아래 땅은 분명히 말라 있을 것이다. 그러나 반대로 땅이 젖어 있다면 비가 내린 후에야 산에 들어왔으며 텐트도 비가 내린 후에 쳤다는 뜻이 된다. 이렇듯 단 한 가지만 확인하면 남자가 거짓말을 했는지 아닌지 금방 알 수 있다.

026 가짜 부부는 누구

확실히 두 부부 모두 의심스러운 면이 있다. 그러나 상대적으로 더 의심스러운 쪽은 나중에 들어온 부부다. 누가 절도단인지 파악하려면 표면 아래 숨겨진 정보를 올바르게 해석할 수 있어야 한다.

남녀 절도단은 부부로 위장했을 뿐, 실제 부부가 아니라 동료에 불과하다.

둘 사이에는 이익 분배를 둘러싼 갈등이나 의심이 필연적으로 존재한다. 따라서 절도한 귀중품을 한 사람이 모두 들게 하지는 않을 것이다.

먼저 들어온 부부는 남자만 가방을 들고 있었다. 만약 이들이 절도단이었다면 절대 남자 혼자 가방을 들고 있지 않았을 테고, 결과적으로 이들 부부가 절도단일 가능성은 낮아진다. 반대로 나중에 들어온 부부는 비록 서로 다정해 보이고 신분증도 완벽했지만 각자 가방을 들고 있었다. 게다가 가방은 거의 비어 있는 것처럼 보였다. 만약 두 사람이 진짜 부부라면 굳이 짐도 별로 없는 가방을 하나씩 따로 들지는 않았을 것이다. 바로 이 점 때문에 앞선 부부보다 이 부부가 더욱 의심스러워질 수밖에 없다. 따라서 매니저가 신고해야 할 부부는 나중에 들어온 부부다.

027 용의자의 말실수

마틴은 실리아의 사소한 말실수에서 그녀가 공범임을 확신했다. 이들은 처음 대화를 시작할 때부터 끊임없이 윌리엄 해리의 이름을 거론했다. 실제로 공범인 실리아는 윌리엄의 이름을 듣자마자 불안과 초조에 떨었고, 무의식중에 자신의 정체가 드러날 것을 염려하며 극도로 예민한 모습을 보였다. 그리고 초조함이 절정에 달하자 심리적 통제력을 잃으면서 저도 모르게 여태껏 자신이 주장한 것과 전혀 다른 내용의 말을 내뱉고 말았다. 바로 "열쇠가 어느 방에 있는지 모른다"고 한 것이다. 루키는 윌리엄이 열쇠의 행방을 자백했다고만 말했지, 그 열쇠가 어떤 장소에 있는지는 언급하지 않았다. 자신들이 밝히지 않은 정보를 실리아가 무심코 내뱉은 것을 보고 마틴은 그녀를 공범으로 확신, 그 자리에서 체포했다.

028 술집 여주인의 죽음

건물 관리인 왕씨가 거짓말을 했다. 일반적으로 사후경직은 사망한 지 20분이 지나면 시작된다. 만약 왕씨가 자신의 주장대로 사망한 지 거의 하루가 지난 뒤에 미영을 발견했다면 이미 사후경직이 상당히 진행됐기 때문에 절대 그녀의 고개를 들 수 없었을 것이다. 경찰은 바로 여기서 왕씨가 거짓말을 했다고 판단하고 그를 가장 유력한 용의자로 점찍었다. 바텐더와 윤수를 소환해 조사를 한 이유는 단지 또 다른 숨겨진 정황이 있는지를 확인하기 위해서였다.

029 독신자 아파트 강도 사건

강도 사건은 수집가가 치밀하게 계획하고 꾸며낸 것이었다. 수집가는 그럴듯한 사건 경위를 꾸미고 그에 맞춰 현장도 만들었지만 딱 한 가지를 놓쳤다. 바로 촛농이다. 수집가는 초에 막 불을 붙였을 때 바람 때문에 창문이 열렸다고 주장했고, 창문은 경찰이 현장에 도착할 때까지 열려 있었다. 만약 수집가의 주장이 사실이라면 촛불은 창문이 열렸을 때 꺼졌어야 한다. 그런데 실제로 책상 위에 있던 초는 반 이상 타들어간 상태였으며 아래에는 촛농이 두껍게 쌓여 있었다. 촛불이 꺼지지 않았던 것이다. 경찰국장은 이를 보고 수집가가 강도 사건 자체를 꾸며냈다는 결론을 내렸다. 알고 보니 이 사건은 수집가가 막대한 보험금을 노리고 조작한 것이었다.

030 공갈협박의 맹점

여자의 주장대로 전방에서 갑자기 자동차가 나타나는 모습을 볼 수 있으려면 버스의 진행 방향, 즉 앞을 보고 있어야 한다. 그런데 만약 앞을 보고 있는 상황에서 버스 문이 열려 팔을 다쳤다면 왼쪽이 아니라 오른쪽에 상처를 입었어야 옳다. 버스의 출입문이 오른쪽에 있기 때문이다. 따라서 왼쪽 팔을 다친 여자의 말은 거짓이다.

031 실내 살인 사건

범인은 앨리스의 남자 친구다. 여러 단서가 있는데, 그중 하나가 방범 상태다. 앨리스의 아파트는 방범 상태가 비교적 양호했다. 하나뿐인 창에는 창살이 달려 있고 자동 도어록과 도어 외시경이 달린 최신형 방범문 또한 외부인의 침입을 막기에 유용했다. 특히 외시경을 통해 앨리스는 방문자가 누구인지 바로 확인할 수 있었다. 실수로 낯선 사람을 집 안에 들일 일이 없었다는 뜻이다. 따라서 앨리스는 면식범에 의해 살해됐다고 짐작할 수 있다. 사건 현장에 다투거나 물건을 뒤진 흔적이 없다는 점도 면식범의 소행이라는 추측에 힘을 실어준다. 또한 앨리스는 살해됐을 당시 잠옷 차림이었다. 이는 범인이 잠옷을 입고 문을 열어줘도 괜찮을 만큼 앨리스와 가까운 사이였음을 의미한다. 즉, 앨리스는 도어 외시경을 통해 찾아온 사람이 남자 친구임을 확인하고 잠옷을 입은 채 문을 열어주었다. 만약 학생이었다면 아마 옷을 갈아입고 문을 열었을 것이다.

032 허술한 납치범

보통은 범인이 알려준 주소에만 신경을 집중하게 마련이다. 만약 그 주소가 실재하는 주소라면 납치와 실제로 관련 있을 가능성은 크게 떨어진다. 납치범이 진짜 자신이 있는 주소를 알려줄 리 만무하기 때문이다. 주소가 가짜라면 그 역시 문제다. 엉뚱한 곳을 조사하느라 경찰 병력도 낭비되고, 사건을 해결할 골든 아워도 놓치기 때문이다. 그래서 본드는 사고를 전환해서 거꾸로 생각했다. 납치범들이 상세한 주소를 알려준 까닭을 파고든 것이다. 사실 납치범이 몸값을 우편으로 보내라고 한 것은 돈을 가져갈 진짜 방법을 숨기기 위해서였다. 납치범의 정체는 우편배달부로, 덜레스에게 알려준 주소가 있는 지역을 담당하고 있었다. 우편을 배달하는 척하면서 돈이 든 소포를 빼돌리려고 한 것이다. 본드는 이 점을 간파했고 소포가 운송되는 도중에 무사히 납치범들을 체포했다.

033 어느 여배우의 죽음

범인은 윤식이다. 그는 처음부터 흉계를 품고 조카 소연을 옥연의 개인 비서로 들여보냈다. 표면적으로는 옥연을 배려한 처사로 보이지만 사실은 감시할 사람이 필요했던 것이다. 윤식은 자신의 사회적 지위와 좋은 이미지가 옥연과의 스캔들로 무너질까 봐 극도로 두려웠다. 그러다 옥연이 끝까지 아기를 낳겠다고 주장하자 결국 그녀를 살해하기로 마음먹고 조카까지 끌어들였다. 사건 당일, 미리 짜놓은 대로 옥연을 살해한 윤식은 소연에게 진술할 내용까지 일러줬다. 그러나 그 진술 내용에 심각한 허점이 있다는 사실은 미처 알지 못했다. 소연은 실내가 범인의 성별을 구별할 수 없을 만큼 어두웠다고 했다. 그렇다면 거울에 비친 모습도 제대로 보지 못했어야 한다. 하지만 소연은 거울에 비친 범인이 왼손에 칼을 들고 있는 모습까지 똑똑히 보았다고 진술했다. 거짓말을 한 것이다. 소연의 진술에서 허점을 발견한 경찰은 곧 수사 방향을 전환했고, 끈질긴 조사 끝에 윤식에게 가장 큰 혐의점을 두게 됐다. 게다가 실제로 살해 동기를 가진 사람은 윤식이 유일했다.

034 치명적인 전화 한 통

전문가가 확신한 대로 해리의 소행이었다. 해리는 자넷의 재산을 하루빨리 물려받기 위해 주도면밀하게 계획을 세웠다. 그는 먼저 자넷의 집 무선전화기에 몰래 작은 전자 장치를 설치했다. 합선을 일으키는 장치였다. 그런 뒤 자넷이 수면제를 먹도록 유도하고 잠드는 것까지 본 후 가스 밸브를 열어 가스가 새게 했다. 그리고 자신은 재빨리 10킬로미터 밖의 호텔로 향했다. 가스가 온 집 안에 가득 찼을 때쯤 해리는 자넷의 집에 전화를 걸었다. 그 순간 전자 장치가 작동하면서 합선을 일으켰고, 스파크가 발생하면서 가스폭발이 일어난 것이다.

035 대담한 보석 도둑

루크는 '사건 내용과 현장을 잘 아는 사람이야말로 범인'이라는 점에 근거해 여자 점원이 도둑이라는 결론을 내렸다. 점원과 대화를 나누는 동안 그는 단 한 번도 전보로 제보를 받았노라고 말하지 않았다. 그런데 점원은 그가 말하지 않은 사실을 알고 있었다. 즉, 진범만이 알 수 있는 정보를 알고 있었던 것이다. 따라서 루크는 점원이 범인이라고 확신했다.

036 무지개 뜬 날의 강도 사건

범인은 전모 군이다. 무지개가 태양의 정반대쪽에 뜬다는 것은 일반적인 상식이다. 따라서 무지개를 보면서 햇빛 때문에 눈이 부시다는 것은 말이 되지 않는다. 사실 전모 군은 도망치기 바빠서 무지개를 보지 못했다. 그러다 심문을 받을 때 불안하고 초조한 나머지 입에서 나오는 대로 이야기를 꾸며내다가 정체가 발각된 것이다.

037 해변의 용의자

남자가 범인인지 아닌지 알려면 헤어스타일에 숨겨진 비밀을 파헤쳐야 한다. 호텔 종업원은 미용실에 가서 남자의 머리카락을 전부 밀어보라고 제안했다. 만약 그가 범인이라면 7:3 가르마 스타일로 반 달 이상 해변을 누볐을 테고, 뜨거운 여름 햇살을 받아 두피에 분명히 가르마 모양으로 경계선이 생겼을 터이기 때문이다. 만약 머리카락을 밀었을 때 경계선이 없다면 남자의 말대로 줄곧 올백 스타일을 했다는 뜻이니 범인이 아니겠지만, 경계선이 있다면 더 볼 것도 없이 범인임이 확실해진다.

038 수박 모종 훼손 사건

J는 먼저 범행 현장에 남겨진 흔적부터 조사했다. 특히 수박 모종 줄기를 잘라낼 때 어떤 도구를 사용했는지를 유심히 살폈다. 남겨진 흔적을 보았을 때 낫이나 호미로 잘랐을 가능성은 낮았다. 낫으로 잘랐다면 바닥에 패인 흔적은 없었을 테고, 호미로 끊어냈다면 잘린 단면이 비스듬할 터이기 때문이다. 따라서 범인은 삽을 사용했을 확률이 가장 높았다. 바닥에 팬 자국의 깊이가 일정한 것을 보아 J는 범인이 각삽을 사용했다고 확신했다. 인근 수박 농사꾼들에게 자신이 사용하는 각삽을 가지고 모이라고 요청한 이유가 이것이다.

그렇다면 J는 10여 명의 용의자 중 범인을 어떻게 찾아냈을까? 삽으로 그렇게 많은 모종 줄기를 끊어냈다면 삽 끝에는 필연적으로 식물에서 나온 즙이 묻어 있을 수밖에 없다. 이 점에 착안해서 J는 10여 개의 삽 끝을 일일이 혀로 핥아보았다. 그러다 검은 얼굴 남자의 삽 끝에서 떫고 씁쓰름한 맛을 느끼고, 즉시 그를 범인으로 지목한 것이다.

039 준비된 용의자

사람의 기억은 시간이 흐를수록 희미해지게 마련이다. 심지어 5일 전의 일이라면 대강은 기억해도 구체적인 시간이나 장소, 만났던 사람이나 대화 내용까지 자세히 기억하기란 쉽지 않다. 그런데 이 용의자는 5일 전의 일을 마치 어제 있었던 일처럼 자세하고 상세하게, 막힘없이 진술했다. 그가 천재적인 기억력의 소유자가 아닌 이상, 경찰에 소환될 것에 대비해서 미리 준비했다고밖에 볼 수 없다. 따라서 그가 진짜 범인일 가능성이 높다.

040 살인 개 사건

루카스의 개는 고도로 훈련된 셰퍼드였다. 셰퍼드는 충성심이 강하고 똑똑해서 많은 사람이 훈련견으로 즐겨 찾는 견종이다. 루카스가 코라에게 시킨 훈련은 독특했다. 전화벨 소리만 들으면 눈앞의 사람을 공격하도록 훈련한 것이다. 이렇게 훈련시킨 덕에 루카스는 어느 곳에 있든지 헌터를 살해할 수 있었다. 전화 한 통이면 순종적이던 개가 흉악한 살인 무기로 돌변했기 때문이다.

041 진짜 신부 찾기

찰리는 두 여성이 반지를 낀 모습을 보고 가짜와 진짜를 가려냈다. 습관과 풍습은 나라와 지역에 따라 판이하게 다르다. 결혼반지를 끼는 위치도 마찬가지다. 왼손 약지에 결혼반지를 끼는 것은 미국의 풍습이며, 덴마크에서는 결혼반지를 반대로 오른손에 낀다. 찰리가 두 여성에게 피아노 연주를 부탁한 까닭은 연주 실력을 보려는 것도 있지만 여성들이 눈치채지 못하게 손가락을 관찰하기 위해서였다. 적갈색 머리 여성이 왼손에 반지를 낀 것은 그녀가 미국인이라는 증거였다. 그러나 루이의 아내는 덴마크인이었고, 따라서 오른손에 반지를 낀 금발 여성이 루이의 진짜 아내다.

042 범인이 놓친 흔적

유리병 안에는 나카무라가 씹다 뱉은 풍선껌이 들어 있었다. 그의 타액이 잔뜩 묻어 있고, 치아 모양이 그대로 찍힌 풍선껌이었다. 흙먼지가 얼마 묻지 않고 색이 선명한 것을 보아 뱉은 지 얼마 되지 않은 게 분명했다. 사사키는 집 안의 흔적을 철저하게 지웠지만 설마 집 밖에 피해자의 흔적이 남아 있으리라고는 생각하지 못했고, 결국 덜미를 잡히고 말았다.

043 강가의 시체

신고자는 자신이 강에 빠졌다고 진술했다. 또한 그의 진술을 뒷받침하듯 머리끝부터 발끝까지 전부 젖어 있었다. 당연히 주머니에 있었던 성냥도 흠뻑 젖었을 터. 그런데도 아무 문제없이 불이 붙었다는 것은 말이 되지 않는다. 따라서 성냥으로 불을 켜서 시체를 살펴보았다는 신고자의 말은 거짓이다. 사실은 범인이 신고자인 척해서 수사에 혼선을 주려 한 것이다.

044 구급 대원의 정체

경찰은 이들의 행동에서 이상한 점을 발견하고 진짜 정체를 알아차렸다. 보통 구급 대원은 환자를 이송할 때 들것에 실린 환자의 머리 쪽을 들어 구급차에 올린다. 그래야 안전하게 환자를 실을 수 있기 때문이다. 그런데 이들은 반대로 다리 쪽부터 구급차에 실었다. 이 모습을 본 경찰은 그들이 진짜 구급 대원이 아니라 위장한 은행 강도라는 점을 간파했다.

045 억울한 희생양

진짜 범인인 여자는 몸매가 가늘고 호리호리했다. 그래서 정훈의 바지를 입을 때 자기 허리띠를 사용할 수밖에 없었다. 그 결과 온통 피투성이가 된 윗도리, 바지와 달리 정훈의 허리띠는 핏방울 하나 없이 깨끗했다. 형사는 이 점을 의심스럽게 생각했고, 다시 수사를 한 끝에 진짜 범인을 체포함으로써 정훈이 억울한 희생양이라는 사실을 밝혀냈다.

046 무고한 사형수

사건이 벌어졌을 당시는 비가 오고 있었기 때문에 흙바닥에 쉽게 발자국이 남았다. 그런데 다음 날 해가 떴고, 진흙바닥에 찍힌 발자국은 강한 햇볕 아래 마르기 시작하면서 원래 크기보다 줄어들었다. 일반적으로 봤을 때 최소 5밀리미터 이상은 줄었다고 볼 수 있다. 다시 말해 경찰이 채취한 족적의 크기는 실제 범인의 족적보다 작았던 것이다. 따라서 쿳시의 신발이 이 족적 석고 표본과 일치했다는 것은 그가 범인이라는 증거가 아니라 오히려 무죄라는 증거가 된다. 실제 범인은 쿳시보다 발이 5밀리미터 이상은 크다고 보아야 옳다.

047 불가사의한 화재

헨리가 고양이를 남겨두고 집을 비우면서 먹이를 충분하게 챙겨주지 않은 것이 화근이었다. 계획보다 길어진 주인의 부재에 먹이가 떨어졌고, 배고픔이 극에 달한 고양이는 책장 위 어항 속의 물고기에게 눈독을 들였다. 그런데 고양이가 힘껏 뛰어올라 건드린 순간, 어항은 바닥으로 떨어져 산산조각 났고 어항의 물이 카펫에 있던 생석회 위로 쏟아졌다. 생석회는 물과 만나면 격렬한 화학 반응을 일으키며 엄청난 열을 발생시킨다, 이 때문에 건조한 카펫과 책에 불이 붙으면서 화재가 일어난 것이다. 생석회는 헨리가 방 안의 습기를 제거하기 위해 일부러 놓아둔 것이었다. 결국 화재를 일으킨 주범은 헨리 자신인 셈이다.

048 전화위복이 된 나쁜 버릇

수연의 도벽은 자신도 모르는 새 물건을 훔칠 정도로 심각했다. 그래서 조직 두목과 있을 때도 무의식적으로 물건을 훔쳐 주머니에 넣었는데, 바로 두목이 건넸던 볼펜이었다. 결국 경찰은 볼펜에 남겨진 지문을 토대로 사건을 해결했다. 이 사건에서 가장 흥미로운 점은 수연의 인생을 망친 도벽이라는 나쁜 습관이 오히려 그녀를 구했다는 점이다. 바로 이런 것이 인생의 묘미 아니겠는가.

049 불완전한 녹음 증거

전 사장이 범인이라고 하기에는 두 가지 의문점이 생긴다. 첫째, 전 사장은 화실이 도청 당하고 있다는 사실을 알았다. 그 사실을 알고도 화실에서 살인을 저질렀다면 짐을 지고 스스로 불에 뛰어드는 꼴이 된다. 둘째, 손목시계는 수시로 보게 되는 물건이다. 그런 눈에 띄는 물건을 범행 현장에 떡하니 남겨두고 왔다는 것은 말이 되지 않는다.

왕씨를 범인으로 단정 짓는 것도 문제가 있다. 무엇보다 전 사장과 일면식도 없는 왕씨가 그의 시계를 훔쳐서 현장에 남겨둘 수 있을 리 없다.

결국 남는 것은 전 사장의 부인뿐이다. 그녀는 예전처럼 자신을 사랑하지 않는 류씨가 원망스러웠고, 그에 못지않게 늙은 남편이 꼴 보기 싫었다. 그래서 일부러 자신의 불륜 사실을 전 사장이 알아차리게 하고 전 사장이 류씨를 죽인 것처럼 꾸며서 두 남자를 한꺼번에 처리하려 했다. 이렇게 하면 변심한 애인을 벌할 수 있을 뿐만 아니라 늙은 남편의 재산도 손에 넣을 수 있기 때문이다.

그녀는 류씨를 살해한 후 수사 방향이 전 사장에게 향하도록 그의 손목시계를 시신 옆에 놓아두었다. 범행 동기도, 손목시계에 대한 접근성도 전 사장의 부인만큼 확실한 사람은 없었다. 결국 경찰의 취조를 받은 전 사장의 부인은 자신의 범행을 자백했다.

050 스파이 침입 사건

현장에 남겨진 타이어 자국은 분명히 힐 박사 차량의 타이어 자국과 일치했다. 하지만 힐 박사의 차는 주차장에서 1미터도 움직이지 않았다. 그렇다면 남은 가능성은 한 가지다. 힐 박사가 친구 집에 간 사이에 범인이 주차장에 세워진 힐 박사의 차에서 타이어를 떼어내어 자기 차에 단 후 범행을 저지르고 나중에 타이어를 다시 바꿔치기한 것이다. 이렇게 하면 현장에는 당연히 힐 박사 차량의 흔적이 남는다. 범인은 힐 박사에게 누명을 씌우려고 이런 트릭을 꾸민 것이다.

051 수상한 그림자

청년은 살인범이 아니다. 먼저 범인의 특징을 살펴보자. 삼엄한 경비를 뚫고 사장을 살해한 뒤 최소한의 흔적만 남긴 것을 보아 범인은 냉철한 살인범이다. 그에 비해 청년은 순찰 경찰의 단순한 심문에도 벌벌 떨고 당황하는 모습을 보였다. 태도나 대처 방법에서 확연한 차이가 나타나는 것이다. 따라서 두 사람을 동일 인물이라고 보기는 어렵다.

052 뻐꾸기시계와 볼펜 녹음기

　　7시는 특별한 시간이 아니다. 그럼에도 뻐꾸기가 울었다는 것은 이 시계가 정시마다 시간을 알린다는 뜻이다. 그런데 녹음 시간이 한 시간 반에 달하는 음성 파일에서는 뻐꾸기 소리가 전혀 들리지 않았다. 누군가 음성 파일을 조작했든가, 아니면 서재가 아니라 아예 다른 곳에서 녹음됐을 가능성이 큰 것이다. 서재가 아닌 다른 곳에서 녹음되었다면 범행 현장 역시 서재가 아니다. 따라서 그 시간에 서재에 있었던 믹스의 혐의는 옅어진다.

053 독침과 종이컵

　　경찰이 가장 먼저 이상하다고 생각한 점은 손목시계였다. S는 등 뒤에서 공격을 받고 제대로 된 반격 한번 하지 못한 채 곧바로 사망했다. 만약 몸싸움을 벌였다면 손목시계가 땅에 떨어져 깨질 수 있지만 급습을 당한 와중에 손목시계가 떨어졌다는 점이 경찰의 의심을 산 것이다. 이는 손목시계가 가짜 증거일 수 있다는 뜻이며, 따라서 현장 역시 조작되었다는 추측이 가능하다. 두 번째로 종이컵에 손을 댄 사람은 루시와 마틴 두 사람인데 발견된 지문은 마틴의 것밖에 없었다. 경찰은 이에 근거해 루시가 거짓말을 했다고 판단했다. 조사 결과, 실제로 범인은 루시였다. S가 부주의한 틈을 타 뒤에서 독침으로 그를 찔러 살해하고 현장을 조작한 뒤 마틴에게 죄를 뒤집어씌우려고 한 것이다.

054 어느 회계사의 죽음

　　데이비드는 무고하다. 경찰이 녹음기 재생 버튼을 눌렀을 때 테이프가 처음부터 재생됐다는 점이 바로 그 증거다. 만약 정말로 조지가 살해당할 당시 녹음되었다면 녹음기는 그가 살해된 후에도 계속 작동하다가 테이프가 끝까지 돌아간 후에야 멈췄을 것이고, 그랬다면 경찰이 재생 버튼을 누르자마자 녹음된 내용이 흘러나오지는 않았을 것이다. 테이프가 앞으로 감겨 있었다는 것은 범인이 녹음기에 손을 댔다는 의미이다. 그런데 데이비드가 범인이었다면 자신의 정체를 밝힐 결정적 증거를 남겨뒀을 리 없다. 따라서 데이비드는 범인이 아니다.

055 범죄 현장의 신발 자국

진작부터 범행을 계획했던 안드레이는 3개월 전 미치가 새 신발을 샀을 때 그와 똑같은 신발을 샀다. 그리고 미치가 모르게 하루걸러 한 번씩 신발을 바꿔치기했다. 미치는 자신이 늘 같은 신발을 신는 줄 알았지만 사실은 두 켤레를 번갈아 신었던 것이다. 그 결과 두 켤레의 신발은 거의 똑같은 정도로 밑창이 닳았고, 같은 족적을 남기게 됐다. 사건 발생 당일, 안드레이는 그중 한 켤레를 신고 몰래 애런의 집에 침입해 범행을 저지른 후 앞마당에 일부러 신발자국을 남겼다. 그리고 다음 날 이 신발을 미치가 당직실에 벗어둔 신발과 바꿔치기하고, 바꾼 신발은 버렸다. 이런 방법으로 미치에게 누명을 씌우고 증거를 없앤 것이다.

056 화살 살인 사건

범인은 곽 비서가 맞다. 하지만 공범이 있었다. 바로 양정명이다. 사실 피해자의 심장을 관통한 화살은 활에서 발사된 것이 아니었다. 곽 비서는 다비드의 구부러진 팔뚝과 비너스의 어깨 끝에 작은 화약 봉지를 설치한 화살을 고정시켰다. 물론 화살촉은 임 의원의 흉부를 향하게 했다. 그녀가 화약 봉지에 연결된 도화선에 불을 붙이자 화살은 정확하게 임 의원의 심장을 관통했다. 곽 비서는 임 의원을 살해한 뒤 현장을 정리하고, 마치 방금 화살이 날아와 사건이 터진 것처럼 비명을 지르며 밖으로 뛰어나갔다. 발코니에 떨어진 또 다른 화살은 수사에 혼선을 주기 위해 양정명이 바깥에서 쏜 것이었다.

057 사라진 신랑

리처드는 사기꾼으로, 진짜 정체는 바로 이 크루즈의 일등선원이었다. 애나의 재산을 갈취하기 위해 그는 신분을 감추고 가명을 써서 그녀를 꼬드겨 급하게 결혼식을 치렀다. 또한 애나와 함께 탑승교를 오를 때도 평상복을 입어서 신분을 드러내지 않았다. 그를 본 이등선원들은 상륙했던 일등선원이 돌아온 것으로 생각했을 뿐, 그가 애나의 남편이리라고는 꿈에도 알지 못했다. 그래서 애나가 자신과 남편을 보았냐고 물었을 때, 애나만 보았다고 대답한 것이다. 배의 일등선원인 그에게 가짜 객실 번호를 달아놓는 일은 식은 죽 먹기였다. 객실의 짐을 눈 깜짝할 사이에 바꿔둔 것도 같은 맥락으로 이해할 수 있다. 다음 날 새벽 애나에게 전화를 걸어 갑판으로 유인해 죽이려고 한 것도 그였다.

058 비극이 된 연극

범인은 피해자를 일격에 살해했다. 사망자의 상태를 볼 때 그는 칼에 찔리자마자 즉사했다. 보통 여자의 힘으로는 이 정도로 정확하고 강하게 칼을 꽂기 힘들다. 따라서 범인은 남자라고 추측할 수 있다. 범인은 먼저 영천에게 전화를 걸어서 누가 있는지를 확인했다. 약속 시간을 알고 있었던 것이다. 또한 약속 시간보다 일찍 도착했던 진희가 잠시 자리를 비운 짧은 틈을 타서 영천을 살해했다. 이것으로 보아 범인은 범행 이전부터 아파트 근처에서 배회하며 기회를 노렸음을 알 수 있다. 그밖에 현장에 다툰 흔적이 없고, 건장한 청년인 피해자가 미처 반항도 하지 못하고 당한 것을 볼 때 면식범의 소행이 틀림없다. 이러한 정황을 종합해보면 범인은 함께 연습하기로 한 단원 중에 있다. 그리고 그중에 가장 혐의가 짙은 사람은 바로 동희다. 동희는 현장에 들어오자마자 민정의 안부부터 물었다. 민정에게 특별한 감정을 가지고 있는 것이다. 하지만 민정은 이미 영천과 연인 사이였다. 게다가 영천은 중요한 연극의 남자 주인공 자리까지 차지했다. 이러한 점이 동희의 질투심을 자극했다고 볼 수 있다. 영천이 사라지면 민정도, 남주인공 자리도 자신의 것이 될 것이라 생각했는지도 모를 일이다. 그 역시 이번 연극에 대한 단장의 욕심을 잘 알고 있었으니 살인 사건이 난다 해도 연극은 계속되리라고 확신했을 것이다.

마지막으로 중요한 증거는 아스팔트다. 새로 깔린 뒷골목의 아스팔트는 뜨거운 햇볕 때문에 신발 밑창에 잘 들러붙었다. 진희의 신발에 묻은 아스팔트가 이를 증명한다. 즉, 신발 밑창에 아스팔트가 묻은 사람이 진범이다. 동희의 신발 밑창에서 아스팔트를 발견한 경찰은 그를 날카롭게 취조했고, 결국 그는 자신의 모든 범행을 털어놓았다.

059 수상한 다잉 메시지

먼저 다음의 몇 가지를 짚어 보자. 첫째, 범인은 피해자가 왼손잡이라는 사실을 알았다. 따라서 범인과 피해자는 면식 관계다. 둘째, 인류학자는 피해자를 제외한 나머지 두 대학원생의 이름을 아예 몰랐다. 따라서 인류학자가 피해자 옆에 '고' 자를 썼을 가능성은 매우 낮다. 결국 인류학자는 용의선상에서 제외된다. 셋째, 범인이 고운중이라면 시신 옆에 자신의 성을 쓰는 미련한 짓을 했을 리 없다. 따라서 고운중 역시 범인이라고 보기 어렵다.

결과적으로 혐의점이 가장 짙은 사람은 임해준이다. 인류학자의 말대로 인류학이나 고고학 쪽 연구를 하는 사람이라면 누구나 유물에 지대한 관심을 갖게 마련이다. 임해준도 예외는 아니어서 한동민이 발굴한 귀한 유물을 본 순간 저도 모르게 탐심을 품었다. 거기에 함께 연구하자는 제안이 거절당하자 임해준은 한동민에 대해 살의를 갖게 됐다. 그래서 어찌어찌 한동민을 살해하는 데까지는 성공했지만, 의심의 화살을 다른 사람에게 돌리기 위해 다잉 메시지를 꾸민 것이 오히려 자신의 발목을 잡는 결정적 패착이 되고 말았다. 목이 부러진 사람은 즉사해서 글씨를 쓸 수 없다는, 가장 기본적인 의학 상식이 부족했던 탓이다.

060 암흑 속의 사격

범인은 극작가인 양진구다. 일단 한 방에 급소를 명중할 수 있을 만큼 전문적인 사격 훈련을 받은 사람은 그가 유일하다. 그는 먼저 조명 담당자를 매수한 뒤 실내가 암흑에 덮인 틈을 타 진미희에게 총을 쏴 살해했다. 문제는 한 치 앞도 보이지 않는 상황에서 어떻게 명중시켰는가 하는 점인데, 피해자의 몸에 어둠 속에서도 식별 가능한 특별한 표식이 있다면 이야기가 달라진다. 실제로 경찰국장은 이러한 추측을 바탕으로 피해자의 몸을 살펴보았고, 명치 부근에 형광 안료가 발린 것을 발견했다. 몸통 한가운데, 특히 맨살 위에 몰래 안료를 바를 수 있으려면 피해자와 매우 친밀한 관계여야 하며 적어도 일주일 이내에 피해자와 접촉이 있어야 한다. 이 같은 점에 의거해 경찰은 양진구를 유력한 용의자로 체포했고, 범행 일체를 자백 받았다.

061 범인의 전화

경찰은 하정길을 범인으로 지목했다. 7시 50분에 걸려온 전화가 결정적인 증거였다. 정황상 전화를 건 사람이 범인이었다. 범행을 위해 왕해진의 소재를 파악하려 전화했을 가능성이 크기 때문이다.

전화를 걸어온 사람은 비록 자신의 신분을 밝히지 않았지만 사투리 섞인 말투가 피해자와 매우 비슷했다. 즉, 같은 고향 출신인 장영재와 김봉식, 하정길 중 한 사람이 전화를 걸었다고 추측할 수 있다. 그런데 장영재는 왕해진이 7시 30분에 김봉식을 만난다고 알고 있었기 때문에 그보다 늦은 시간인 7시 50분에 사무실로 전화를 걸었을 리 없다. 김봉식이 전화를 건 사람일 가능성도 낮다. 왕해진이 임창명에게 한 말에 따르면 김봉식은 전화를 많이 사용해보지 않아서 전화 예절이 엉망이라고 했다. 그런데 7시 50분에 전화를 걸어온 사람은 '여보세요', '실례합니다만'과 같은 단어를 쓰며 매우 예의 바른 모습을 보였다. 결국 그 시간에 전화를 걸었을 가능성이 가장 높은 사람은 하정길이다. 임창명이 누구냐고 물었을 때 제대로 대답하지 않고 끊은 까닭도 그가 임창명과 아는 사이였기 때문이다. 경찰은 이 같은 분석에 의거, 하정길을 범인으로 확신했다.

062 삶과 죽음을 가르는 시험

먼저 왼쪽 상자의 글이 진실이라고 가정해보자. 그러면 오른쪽 상자의 글은 거짓이 되고, 보물은 오른쪽 상자에 있게 된다. 이번에는 오른쪽 상자의 글이 진실이라고 가정해보자. 왼쪽 상자의 글이 참일 경우, 보물은 오른쪽 상자에 있어야 한다. 그런데 이는 오른쪽 상자에 적힌 문장의 후반부, 즉 '보물은 모두 왼쪽 상자에 있다'는 내용과 모순된다. 따라서 오른쪽 상자의 글은 거짓이고, 진짜 보물은 모두 오른쪽 상자에 있다.

063 절묘한 원격조종

범인은 먼저 빌딩 1층 창문에 총기를 걸쳐두고 총구를 현 주임의 자리로 향하게 했다. 그리고 전선으로 총기를 철골에 살짝 묶은 뒤 작은 전선 토막을 말굽 모양으로 구부려 방아쇠에 걸고, 기다란 전선을 연결해 그 끝을 자재 창고 창문을 통해 안으로 늘어뜨렸다. 이렇게 하면 창고 안에서도 전선을 잡아당기는 것만으로 방아쇠를 당겨 총을 발사시킬 수 있다. 이른바 원격조종인 것이다. 한씨는 만반의 준비를 한 뒤 주임실의 커다란 창을 올려다보며 현 주임이 자리에 앉기를 기다렸다가 총을 쐈다. 범행을 저지르고 나서는 즉시 전선을 힘껏 끌어당겨서 총을 떨어지게 하고 전선도 회수했다. 총기 근처의 신발 자국이나 도주로에서 발견된 장갑 따위는 범인이 빌딩 안에서 총을 쏜 것처럼 보이도록 한 씨가 심어둔 가짜 증거에 불과했다.

064 어느 가장의 죽음

주씨는 적지 않은 빚과 아내의 병원비, 그리고 회사에 필요한 자금을 마련하기 위해 자신의 죽음으로 거액의 보험금을 타낼 계획을 세웠다. 그는 자살하기 전에 삼남인 주자현에게 전화를 걸어 사후의 일을 부탁했다. 이상한 낌새를 눈치 챈 삼남이 다급히 집으로 달려왔지만 주씨는 이미 목을 매 사망한 뒤였다. 보험설계사인 주자현은 자살일 경우 보험금을 한 푼도 받지 못한 사실을 알고 있었다. 그래서 자살이 아닌 타살처럼 보이게 하기 위해 사망한 주씨의 목을 또 한 번 졸랐다. 그런 뒤 불안한 마음을 달래고 알리바이도 만들 겸, 연이어 고객과 술자리를 가진 것이다. 결국 경찰 조사에서 그는 이 모든 사실을 털어놓았다.

065 기지 넘치는 신고

블레이크는 휴대전화를 두 손으로 잡으면서 한쪽 손바닥으로 송화구를 가리는 방식으로 상대에게 필요한 단어만 들리도록 했다. 그 결과 경찰 측이 들은 내용은 다음과 같았다.

"나야, 블레이크. … A 호텔에… 목표물이… 함께… 가능한 한 빨리 와줘."

066 가스중독 살인 사건

송우림은 술자리가 고조된 틈을 타서 화장실에 가는 척하며 부엌으로 들어가 가스레인지 위에 주전자를 올려놓고, 주변에 물을 뿌려 현장을 조작했다. 그런 뒤 한밤중이 되어서 모두가 잠들었을 때쯤, 자기 집 프로판가스통 입구에 관을 연결하고 환풍구를 통해 김종운의 아파트 안으로 가스를 흘려 넣었다. 이런 식으로 사고로 위장함으로써 완전범죄를 꿈꾼 것이다.

067 알리바이 깨뜨리기

다음의 단서에 근거해서 경천이 범인이라고 추론할 수 있다.

첫째, 자동차에 대해 거짓말을 한 점이다. 그는 정비소에서 차를 정비하고 찾아온 지 얼마 되지 않았다고 진술했다. 만약 그 말이 진실이라면 차의 배터리가 방전되어 있을 리 없다. 고의로 방전시키지 않은 이상 말이다. 또한 주행기록계가 0인 것도 말이 되지 않는다. 정비소에서 0으로 맞췄다고 해도, 집까지 온 거리만큼은 기록되어 있어야 하기 때문이다. 따라서 경천이 주행기록계를 조작했다고 추측하는 게 합리적이다.

둘째, 정비소에서 찾아온 이후 한 번도 운행하지 않았다는 차의 후미에 덜 마른 진흙이 묻어 있었다.

셋째, 경천은 사건 당일 저녁 식사 후 먼저 나갔다가 다시 돌아오면서 창을 통해 가림이 성연, 잭슨과 다투는 모습을 봤다고 했다. 그런데 현장조사 및 작가의 진술에 따르면, 당시 창문은 내부가 보이지 않을 정도로 습기가 잔뜩 서려 있었다. 무슨 이유에서인지 경천이 거짓말을 한 것이다.

결국 경천은 자신의 범행이 드러날까 봐 초조한 나머지 혐의를 다른 사람에게 뒤집어씌우기 위해 앞뒤가 맞지 않는 거짓말을 했고, 오히려 그 거짓말 때문에 꼬리를 잡히고 말았다.

068　시간 오류에 빠진 살인

　　사실 사영표를 살해한 범인은 류가희였다. 그녀는 사망자와 9시 30분쯤 통화했고, 돈을 달라는 협박을 받았다. 그녀는 이 통화가 길어져서 10시 30분에야 전화를 끊었다고 진술했다. 9시 30분부터 10시 30분까지 집에 있었다는 알리바이를 제시한 것이다. 이는 친구인 변희영이 증명해주었다. 그런데 여기에는 엄청난 구멍이 있다. 바로 경찰이 사영표의 시신을 발견한 시간이 10시 5분이었다는 점이다. 류가희의 주장이 사실이라면 그녀는 10시 30분까지 죽은 사람과 통화를 한 셈이다. 류가희는 경찰이 사영표의 시신을 그렇게 빨리 발견했으리라고는 생각하지 못했고, 결국 거짓 알리바이에 큰 허점이 생기게 됐다. 추후 조사에서 가정부 김은 고용주인 류가희의 강요에 의해 위증을 한 것으로 밝혀졌다. 사건 당일 9시 30분, 사영표에게 협박 전화를 받은 류가희는 돈을 마련했다고 거짓말을 해서 그와 만났고 상대가 방심한 틈을 타 칼을 휘둘러 살해했다. 따라서 구체적인 사건 발생 시각은 9시 30분에서 시신이 발견된 10시 5분 사이이다.

069　곤충이 해결한 사건

　　범인은 막다른 길에 몰린 한춘호였다. 현장 상황을 봤을 때, 날이 저문 이후 석씨의 방에는 불이 켜진 적이 없었다. 이 점은 빛, 즉 광원에 몰려드는 곤충의 습성을 생각하면 쉽게 알 수 있다. 만약 한춘호의 진술대로 저녁 9시에 석씨의 방에 불이 켜져 있었다면 분명히 방 안 여기저기에서 벌레의 사체가 발견되었을 것이다. 그러나 현장에는 벌레의 사체가 전부 창가 쪽에 몰려 있었다. 따라서 방 안에는 불이 켜지지 않았다는 뜻이며, 자연히 거짓말을 한 한춘호의 혐의점이 가장 커진다.

070 　완벽해 보이는 밀실 살인

　천용주의 죽음은 자살이 아닌 타살이며, 범인은 류다. 류는 점심 식사에 수면제를 잔뜩 타서 가져다주었다. 점심 식사를 한 천용주는 책상에 엎드려 깊은 잠에 빠지는 바람에 저녁 식사를 가져온 류가 방문을 두드려도 반응하지 않았다. 류는 일부러 정씨를 끌어들여 문을 따게 한 후, 한발 앞서 서재로 들어가 정씨의 시선을 가리고 사람을 불러오라며 소리쳤다. 그리고 정씨가 전화를 하러 간 틈을 타 미리 숨겨 간 흉기로 천용주의 등을 찔러 살해했다. 문이 열렸을 당시의 상황을 보지 못한 정씨는 류의 말만 믿고 천용주가 처음부터 사망한 상태였다고 믿었다.

　류가 자신의 오랜 고용주인 천용주를 살해한 이유는 홍지훈의 사주를 받았기 때문이다. 홍지훈은 천용주가 자신의 초기 작품을 대필했다는 사실을 공개할 것이 두려워 내연관계인 류를 설득해 살해 계획에 끌어들였다. 류 역시 천용주가 자신들을 갈라놓으려 한다는 홍지훈의 말을 듣고 천씨를 향해 살의를 품었다.

　이후 이어진 경찰 취조에서 류는 단독 범행을 주장했다. 그러나 평범한 가사도우미인 그녀가 이런 트릭을 생각해냈을 리 만무하다고 판단한 경찰이 강도 높게 압박하며 추궁하자 결국 이 모든 것이 홍지훈의 계획이며 그에게 사주를 받아 천씨를 살해했음을 털어놓았다.